Hamburg
Die 100 besten
Restaurants

Hamburg

**Die 100 besten
Restaurants
Deborah Knür
Ellert & Richter Verlag**

DIE WELT

WELT am SONNTAG

Inhalt

Vorwort

Wohl in keiner anderen deutschen Stadt ist die Restaurantszene so ansprechend – und so gut, wie in der Hansestadt. Nicht umsonst gilt Hamburg deshalb auch als die „Hauptstadt der Sterne": Nirgendwo sonst können die Lokale mit mehr Auszeichnungen aufwarten.

Doch nicht nur die hoch dekorierten Häuser sind einen Besuch wert. Wer häufiger auswärts isst, geht in der Regel auch nicht immer in eines der Spitzenlokale. Das Angebot ist so vielfältig, dass die Auswahl gar nicht leicht fällt. Und wer kennt das nicht: Am Ende landet man doch wieder beim Stammitaliener um die Ecke.

Dieses Buch soll einen Einblick in die Hamburger Restaurantlandschaft geben und zu kulinarischen Entdeckungsreisen ermutigen. Es lohnt sich ohne Zweifel! Die Gastro-Szene ist so attraktiv, weil sie multikulturell ist und lebendig. Küchen aus vieler Herren Länder sind hier vertreten – von Ägypten bis Vietnam –, dazu gibt es fast jede mögliche Mischform von euro-asiatisch bis crossover. Und immer wieder gehen neue, interessante Restaurants an den Start. Nicht alle schaffen es, sich zu etablieren. Aber die Beständigkeit eines guten Angebots liegt eben auch im Wandel. Deshalb ist es durchaus möglich, dass seit Redaktionsschluss dieses Buches (September 2003) neue Restaurants hinzu gekommen sind, die noch nicht berücksichtigt werden konnten, oder es bei anderen Veränderungen gibt, die sich über dieses Datum hinaus negativ entwickeln.

Das Buch ist auf der Grundlage der Restaurant-Kritiken in der Tageszeitung DIE WELT und weiterer Berichte in der WELT am SONNTAG entstanden. Alle Restaurants wurden mehrfach getestet und für so kontinuierlich gut befunden, dass sie in die Riege der 100 besten aufgenommen wurden. Eine Küche muss allerdings auch immer den persönlichen Geschmack treffen, deshalb kann es sein, dass der eine oder andere Leser in diesem Buch sein Lieblingsrestaurant nicht wiederfindet. Aber vielleicht entdeckt er ja ein neues, das er schätzen lernt.

Um die Auswahl zu erleichtern, wurden die Restaurants mit Hinweisen auf Besonderheiten versehen:

Gourmet-Tipps gehören zu den besten Restaurants in Hamburg und sind ein ganz besonderes kulinarisches Erlebnis.

Feinschmecker-Küche bieten Restaurants mit einem erstklassigen und aufwändigen Angebot an Speisen für hohe Ansprüche.

Als *Bistro* sind jene charakterisiert, die eine zeitgemäße und moderne, eine bodenständige, aber auch kreative Küche von hoher Qualität anbieten.

Szene-Tipps sind beliebte Restaurants bei jungem Szene-Publikum mit guter Küche.

Promi-Treffs sind Restaurants mit einem hohen Anteil an prominenten Gästen.

Aussicht beschreibt ein Restaurant mit einer hervorragenden Aussicht von den Fensterplätzen und/oder von der Terrasse.

Schönes Ambiente beschreibt entweder Tradition oder Design, auf jeden Fall aber eine außergewöhnliche Atmosphäre.

Ich wünsche Ihnen viel Spaß bei Ihrer Entdeckungsreise durch die besten Hamburger Restaurants.

Deborah Knür

Italienisch

Al Campanile

Spadenteich 1-3
20099 Hamburg/St. Georg
Tel. 040/24 67 38
Fax 040/24 67 38

Beständigkeit zahlt sich aus, das wissen auch die vielen Stammgäste, darunter Schauspieler und Theaterschaffende, zu schätzen, die dem Al Campanile über all die Jahre treu geblieben sind. Susanne di Pinto führt jetzt das italienische Restaurant gegenüber der St.-Georgs-Kirche. Die Crew arbeitet seit 1984 zusammen, und auch der Küchenchef, Appachi Sivapalan, ist derselbe geblieben. Das zahlt sich aus – die Qualität stimmt und der Service ist freundlich und aufmerksam wie eh und je.

Die zweisprachig gehaltene Karte offeriert Klassiker der italienischen Küche, zuweilen mit kreativen Variationen aufgepeppt. Dazu gehören ein Filet vom Seewolf ebenso wie Seeteufelmedaillons in Martini-Dry-Sauce mit Keta Kaviar oder Lachsfilet in herzhafter Dijon-Senfsauce. Auch die Vorspeisen wie Carpaccio oder Vitello Tonnato sind zeitlos, aber immer gut. Die Tageskarte birgt manchmal spannende Überraschungen und listet Pasta ebenso auf wie Kaninchenterrine auf Salat, Jakobsmuscheln im Wirsingmantel, Kalbszunge mit grüner Kräutersauce oder rustikale Gerichte wie Rinderbraten in Barolosauce.

Die Weinkarte bietet eine ordentliche Auswahl an Gewächsen ausschließlich aus italienischen Anbaugebieten. Besonderer Schwerpunkt: Weine aus dem Piemont.

Besitzer/Inhaber
Susanne E. Di Pinto
Küchenchef
Appachi Sivapalan
Öffnungszeiten
Mo–Fr 12–15 Uhr
Mo–Sa 18–24 Uhr
Ruhetag
So
Betriebsferien
Mitte Juli bis Mitte August
Reservierung
erwünscht
Kreditkarten
EC-Karte, Amex, Diners, Eurocard, Visa
Spezialität des Hauses
Mittelmeerfische, hausgemachte Pasta
Hauptgerichte
ab € 15,–
Menüs
von € 25,– bis € 50,–
Anzahl der Plätze
36 im Restaurant
40 auf der Terrasse

Feinschmecker-Küche

Allegria

Hudtwalckerstraße 13
22299 Hamburg/Winterhude
Tel. 040/46 07 28 28
Fax 040/46 07 26 07
www.allegria-restaurant.de

Besitzer/Inhaber
Alexander Tschebull
Küchenchef
Alexander Tschebull
Öffnungszeiten
Di–Fr 12–14.30 Uhr
Di–Sa 17–23 Uhr
So 12–14.30 Uhr u.
17–22 Uhr
Ruhetag
Mo
Reservierung
erwünscht
Kreditkarten
EC-Karte
Spezialität des Hauses
austro-mediterrane
Küche
Kinderkarte
nein
Hauptgerichte
ab € 16,–
Menüs
von € 42,– bis € 60,–
Anzahl der Plätze
85 im Restaurant
85 auf der Terrasse

Alexander Tschebull hat sich mit seinem Allegria in der „Komödie Winterhuder Fährhaus" längst nicht nur bei den Hamburger Theaterfreunden einen festen Platz in der Riege der beliebtesten Restaurants der Stadt erkocht. Auch Nicht-Theaterbesucher schwören auf die Landesküche des Österreichers, der aufgefrischte Klassiker seiner Heimat mit mediterran inspirierten Gerichten gekonnt kombiniert.
Und weil die Gäste das Angebot zu schätzen wissen, haben die Tschebulls nun auch in der Woche im Allegria einen Mittagstisch eingerichtet. Der wird besonders im Sommer gut angenommen, wenn das Wetter es zulässt, dass die Gäste auf der schönen Terrasse am Alsterlauf sitzen können.
Wer die Vielfalt der Tschebullschen Küche kennen lernen möchte, dem sei das Überraschungsmenü empfohlen, das einen kulinarischen Streifzug in sechs Gängen präsentiert. Wer à la carte essen möchte, hat mit der Vorspeisenauswahl „Delice Varié" einen guten Start. Neben je zwei Suppen, warmen Zwischengerichten und vegetarischen Speisen gibt es jeweils drei bis vier Fisch- und Fleischgerichte. Köstlich schmeckten der gratinierte Heilbutt auf gebratenen Steinpilzen mit geschmorten Kirschtomaten und Kartoffel-Zucchinirösti oder das klassische Wiener Schnitzel mit Kartoffelsalat. Auch bei den Desserts kann sich, wer will, mit der Dessertetagere „Allegria" überraschen lassen. Österreichische Mehlspeisenspezialitäten wie Kaiserschmarrn werden ab zwei Personen serviert.
Yvonne Tschebull hat die Leitung des Restaurants perfekt im Griff. Der Service ist zuvorkommend und freundlich. Die Weinkarte bietet eine gute Auswahl an Weinen aus Europa und Übersee.

Italienisch

Al Pincio

Schauenburgerstraße 59
20095 Hamburg/Innenstadt
Tel. 040/36 52 55
Fax 040/36 22 44

Das Al Pincio in der Innenstadt ist nach einem der sieben Hügel benannt, auf dem Rom erbaut wurde. Seit rund zwanzig Jahren lockt die italienische Küche nun schon zahlreiche Stammgäste aus den umliegenden Büros und Geschäften in die Schauenburgerstraße nahe dem Rathaus.

Wer sich in dem Restaurant in Wohnzimmergröße mit eng gestellten Tischen niederlässt, schätzt die Küche, die auch weiterhin auf gute hausgemachte Gerichte setzt. So gibt es ein durchaus ordentliches Octopus-Carpaccio oder getrüffelte Steinpilze mit Parmaschinken. Schmackhaft sind auch die hausgemachten Ravioli mit Käse und Walnussfüllung in frischer Pestosauce. Beim Fisch dominieren die üblichen Variationen wie Loup de Mer (in Folie), Zander oder Steinbutt (mit Trüffeln in Champagnersauce). Für Fleisch-Liebhaber gibt es Lammkoteletts mit Rosmarin, Kalbfleisch in Marsalasauce oder Perlhuhnbrust mit Orangen. Ein süßer Abschluss ist das Mango-Carpaccio mit Sahnecreme, aber auch die Mandeltorte ist empfehlenswert.

Die Preise orientieren sich am üblichen Innenstadt-Niveau. Die Weinkarte ist klein, aber mit guten Italienern bestückt. Besondere Empfehlung des Padrone: als Weißwein einen Vermentino di Bolgheri und als Rotwein einen Tassinaia vom Castello del Terriccio/Toskana.

Besitzer/Inhaber
Franco Nocentini
Küchenchef
Andrea Manunza
Öffnungszeiten
Mo–Sa 12–15 Uhr u.
18–24 Uhr
Ruhetag
So
Reservierung
erwünscht
Kreditkarten
Amex, Diners,
Eurocard, Visa
Hauptgerichte
ab € 15,–
Anzahl der Plätze
30

Feinschmecker-Küche, schönes Ambiente

Apples

im Hotel Park Hyatt
Bugenhagenstraße 8
20095 Hamburg/Innenstadt
Tel. 040/33 32 17 71
Fax 040/33 32 12 35
www.hamburg.park.hyatt.com

Besitzer/Inhaber
Hotel Park Hyatt
Hamburg
Küchenchef
Michel Rinkert
Öffnungszeiten
Mo–Fr 12–14.30 Uhr
u. 18–22.30 Uhr
Sa u. So 18–22.30 Uhr
Reservierung
erwünscht
Kreditkarten
EC-Karte, Amex,
Diners, Eurocard,
Visa, JBC
Spezialität des Hauses
Terrine von „Elsässer
Entenstopfleber",
Steinbutt aus dem
Holzofen
Mittagstisch
ab € 23,–
Kinderkarte
nein
Hauptgerichte
ab € 25,–
Menüs
ab € 39,–
Anzahl der Plätze
84 im Restaurant
40 auf der Terrasse

Der Elsässer Michel Rinkert ist angetreten, das Restaurant Apples im Hotel Park Hyatt zu neuen kulinarischen Höhen zu führen. Der junge Franzose, der die Regie in der modern gestylten Show-Küche führt, kommt aus der L'Auberge du Cheval Blanc in Lembach.
Er setzt auf internationale Küche mit mediterraner Note, aber auch auf regionale Spezialitäten. Appetit macht zu Beginn warmes Apfelbrot mit Olivenöl und Balsamico, gefolgt von einer Brokkoli-Creme als Gruß aus der Küche. Köstlich war der Atlantik-Tintenfisch mit fünf Gewürzen im Wok gebraten mit Frühlingsgemüse und Sauce von schwarzen Bohnen. Mittelmeeraroma verbreitete eine gute Terrine „Nizza Art" von Tomaten, Zucchini und Ziegenkäse mit toskanischem Olivenöl im Glas geschichtet. Ein perfekt zubereiteter Rücken vom Lüneburger Heidelamm aus der Rotisserie harmoniert mit dem exotischen „Raz el Hanout"-Gewürz. Gut war auch der gegrillte Steinbutt mit Paprika „Piperade Art", iberischem Schinken und Socca. Als süßen Abschluss genossen wir einen Boskopapfel aus dem Alten Land, gefüllt mit Calvados-Creme, im Holzofen geröstet mit Zimteis und, etwas exotischer, karamellisierten Spieß von Ananas und Tahiti-Vanillestange mit Kokosnusseis.
Die Weinkarte ist gut bestückt. Insbesondere werden viele Klassiker aus Italien und Frankreich angeboten, aber auch aus der Neuen Welt, weil das Apples viele internationale Gäste hat. Der Service ist freundlich und aufmerksam.

Bistro

Artisan

Kampstraße 27
20357 Hamburg/St. Pauli
Tel. 040/42 10 29 15

Von vielen Neueröffnungen bleibt nicht einmal der Name in Erinnerung. Was Thorsten Gillert allerdings im ehemaligen Mertens in der Kampstraße zelebriert, ist in Hamburg gänzlich neu: Mittags bietet er im vorderen Teil des Restaurants, „Bude 1" genannt, nach Imbissmanier einen gehobenen Mittagstisch. Bei Ochsenschwanzragout oder Würstchen aus eigener Herstellung arbeitet er viel mit frischen Kräutern.

Abends lässt er im edel-rustikal gestalteten hinteren Bereich (Nichtraucher!) ein einziges Menü servieren, das bis zu sieben Gänge bietet. Dazu empfiehlt Gillert glasweise den passenden Wein. Das soll keine Diktatur der Küche sein, wie er an jedem Tisch persönlich erklärt, sondern eine Konzentration auf das Wesentliche. Der Gast wählt so viele Gänge wie er mag aus dem Menü, das immer unter einem Motto steht und stets Gegensätze vereint – bei unserem Besuch waren das Heimat und Ferne. Und das geht so: Ostsee-Hering mit Pilzen und Auberginen, gefolgt von einem aromatischen Eintopf von Birnen, Bohnen und Taschenkrebs. Danach serviert Gillert Atlantik-Heilbutt mit Spinat und Kokosnuss sowie Wurzelgemüse mit Nüssen und Tamarinde. Der Fleischgang war ein butterzartes Charolais-Rinderfilet mit Ingwer und Ochsenschwanz. Ihm folgten Ziegenkäse mit Feigen und Oliven als kleine Pizza gebacken und zum süßen Abschluss Steinobst mit Fenchel im Brownie und Anis im Sambuca-Eis. Trotz der persönlichen Empfehlungen verzichtet das Artisan nicht auf eine Weinkarte, in der die Anbaugebiete Deutschland und Österreich eine besondere Rolle spielen. In Vorbereitung ist eine zweite Weinkarte, die als Unterscheidungsmerkmal den Geschmack zu Grunde legt.

Besitzer/Inhaber
Thorsten Gillert
Küchenchef
Thorsten Gillert
Öffnungszeiten
Di–Sa 12–14.30 Uhr
u. ab 19 Uhr
Ruhetag
So u. Mo
Reservierung
erwünscht
Spezialität des Hauses
der perfekte Umgang
mit Gewürzen und
Kräutern
Kreditkarten
EC-Karte
Mittagstisch
ab € 5,–
Menü
von € 28,– bis € 55,–
Anzahl der Plätze
30

Atlantic-Restaurant
im Kempinski Hotel Atlantic
An der Alster 72-79
20099 Hamburg/St. Georg
Tel. 040/288 88 60
Fax 040/24 71 29
www.kempinski.atlantic.de

Besitzer/Inhaber
Octavian Hotel
Betriebsgesellschaft
managed by
Kempinski
Küchenchef
Sven Büttner
Öffnungszeiten
Mo–Sa 12–15 Uhr u.
17.30–23.30 Uhr
So nur 17.30–23.30
Uhr
Ruhetag
So mittag
Reservierung
erwünscht
Kreditkarten
EC-Karte, Amex,
Diners, Eurocard, Visa
Mittagstisch
ab € 21,–
3-Gang-Menü € 29,–
Kinderkarte
nein
Hauptgerichte
ab € 21,–
Menüs
von € 50,– bis € 82,–
Anzahl der Plätze
78

Das weiße Haus an der Außenalster ist eine Hamburger Hotel-Institution, und sein Restaurant hat einen unschätzbaren Standortvorteil: den unverbaubaren Blick auf Promenade, Wasser und Segler. Sven Büttner, Mitglied der Köche-Vereinigung „Die jungen Wilden", hat sich ein wenig Selbstzähmung auferlegt, bevor er sein neues Amt als Küchenchef antrat. Der 34-Jährige hat die Atlantic-Küche allerdings jünger und frischer gemacht.

Neben Büttners Empfehlungen gibt es Spezialitäten des Tages wie ein sommerlich frisches Carpaccio von Langostinos mit schönem Limonenaroma oder ein kross gebratenes Heilbuttfilet. In ansprechender Optik und geschmacklich einwandfrei kommt das Dreierlei von der Wachtel mit kleinem Bohnensalat und Feigenkonfit auf den Tisch. Büttners Portionen sind ordentlich bemessen. Ein mildes und fast süßliches Aroma bekommt das gespickte Meeräschenfilet auf Scampi-Vanille-Peperonata und Tagliatelle. Das Geflügel lässt Sven Büttner als im Brickteig gebackenes Stubenküken mit Hummer auf Zuckerschoten mit Cassisfeigen und Kartoffelpüree servieren. Beides zart und im Geschmack fein auf einander abgestimmt. Der Höhepunkt ist das mit Kakao gebratene Kalbsfilet auf Pfifferlingsrisotto und glacierten Aceto-Balsamico-Schalotten – unschlagbar zart und mit herrlichen Aromen. Die Avocado-Limonencreme auf marinierten Erdbeeren zum Dessert ist ein interessanter, aber mächtiger Abschluss. Fruchtig und aromatisch waren die gratinierten Walderdbeeren mit Orangen-Safraneis.

Der Service agiert souverän und ausgesprochen freundlich. Die Weinkarte weist nach wie vor eine umfangreiche Auswahl auf, und auf die Empfehlungen des Service kann man sich getrost verlassen.

Atlas

Phoenixhof, Schützenstraße 9a
22761 Hamburg/Bahrenfeld
Tel. 040/851 78 10
Fax 040/851 78 11
www.atlas.at

Besitzer/Inhaber
Rainer Wendt, Martin
Franciskowsky
Küchenchef
Martin Franciskowsky,
Patrick Henkel
Öffnungszeiten
täglich 12–16 Uhr u.
18–23.30 Uhr
Reservierung
erwünscht
Kreditkarten
EC-Karte, Amex,
Eurocard, Visa, Haspa
Joker
Mittagstisch
ab € 5,50
Kinderkarte
nein
Hauptgerichte
ab € 9,–
Menüs
Mittag € 15,50
Abend € 25,50
Anzahl der Plätze
120 im Restaurant
40 auf der Terrasse
60 im Garten

Die junge Szene-Gastronomie der Hansestadt setzt sich vorzugsweise in alten Gemäuern fest, um dort mit moderner Kulinarik aufzutrumpfen. In diese Riege reiht sich auch das Atlas ein, das in einem Bahrenfelder Hinterhof-Ensemble liegt. Diskrete Beleuchtung und warmer Parkettfußboden, beige getönte Wände und eng gestellte Bistrotische geben dem Restaurant trotz seiner Größe mit knapp 100 Plätzen Atmosphäre.

Auf die Teller kommen anspruchsvolle Klassiker und einiges, was in Szene-Bistros anscheinend noch immer unverzichtbar ist wie Zander unter der Kartoffelkruste oder ein asiatischer Vorspeisenteller. Die Mittagskarte lockt viele Gäste aus den umliegenden Büros, die eine gute abwechslungsreiche Küche schätzen. Die Gerichte wie Gnocchi auf Salat von getrockneten Tomaten, Paella mit Seeteufel oder Wiener Schnitzel sind mal mediterran akzentuiert, mal regional und bodenständig. Auch die Desserts wie Mohnravioli mit Zwetschgenröster oder Blaubeerpfannkuchen mit Holunderblüteneis sind lecker. Und wer nach dem Essen noch nicht gehen möchte, kann an der hauseigenen Bar einen Cocktail trinken.

Die umfangreiche Weinkarte umfasst 118 Flaschenweine, darunter viele renommierte Weine von Winzern aus Europa und Übersee.

Besonderheiten
**jeden Mittwoch
Live Jazz-Musik,
Kochkurse, mietbare
Showküche, Themen-
abende**

Aussicht, Szene-Tipp, euro-asiatisch

Au Quai

Große Elbstraße 145 B-D
22767 Hamburg/Altona
Tel. 040/38 03 77 30
Fax 040/38 03 77 32
www.au-quai.com

Besitzer/Inhaber
Sylviane und Enzo
Caressa
Küchenchef
Frank Gaevert
Öffnungszeiten
Mo–Fr 12 Uhr bis
Open end
Sa u. So 18.30 Uhr bis
Open end
Reservierung
2 Tage im Voraus
Kreditkarten
EC-Karte, Amex,
Eurocard
Spezialität des Hauses
Plateau Maritime
Mittagstisch
Business Lunch
€ 14,– (3 Gänge)
Kinderkarte
ja
Hauptgerichte
ab € 12,– (gleiche
Karte mittags wie
abends)
Menüs
von € 27,50 bis
€ 47,–
Anzahl der Plätze
100 im Restaurant
80 auf der Terrasse

Einst war der Gastronomiekomplex Au Quai in einem ehemaligen Kühlhaus mit das erste Restaurant an der neuen Hafenmeile. Der Bauboom ist weiter fortgeschritten, und mittlerweile befindet sich das Au Quai in guter Gesellschaft. Bar und Restaurant, die regelmäßig mit ungewöhnlichen Aktionen wie beispielsweise einer Wellness-Lounge für Furore sorgen, bieten sowohl hinter großen Fenstern als auch von der schönen Terrasse einen herrlichen Blick auf den Hafen.

Die Küche hat infolge der wechselnden Küchenchefs bereits häufiger variiert und sich mittlerweile auf ein ordentliches Niveau eingependelt. Die Karte, die sich wie zur Zeit vielerorts mit euro-asiatischem Charakter präsentiert, bietet Süppchen von Babymöhren, Kokos und Curry mit gebackener Jakobsmuschel, aber auch Ziegenkäse im Auberginenmantel gebacken. Sashimi dürfen ebenso wenig fehlen wie Austern. Als Zwischengerichte gibt es Pasta und anschließend Lachsfilet im Bananenblatt, Steinbuttfilet auf grünem Spargel, Rinderfilet im Parmaschinkenmantel auf Steinpilzrisotto und natürlich Hummer. Auch beim Dessert bleibt man konsequent euro-asiatisch und serviert zum Beispiel Zitronengras-Crème Catalane mit rotem Sorbet.

Die Weinkarte weist rund 70 Positionen mit französischem Schwerpunkt auf.

Bereuther
Klosterallee 100
20144 Hamburg/Eppendorf
Tel. 040/41 40 67 89
Fax 040/41 40 67 88
www.bereuther.de

Mit seinem gastronomischen Mix aus Restaurant, Bar und Lounge hat Manuel Bereuther einen Volltreffer gelandet und nicht nur die Eppendorfer Szene für das Bereuther begeistern können. Allabendlich ist das Restaurant mit Blick auf den Isebekkanal gut gefüllt, was nicht nur an dem modernen Design in den schmalen Räumen liegt. Die Gäste kommen natürlich auch, weil das, was heute gemeinhin „Spaßfaktor" genannt wird, hier in Eppendorf stimmt. Vor allem kommen sie aber wegen der Bistro-Küche, die sich auf einem ansehnlichen Niveau stabilisiert hat. Auch hier findet sich bei den Vorspeisen ein Sashimi, das allerdings vom norwegischen Bio-Lachs stammt. Und die in Szene-Bistros beliebte Tafelspitzsülze gibt es nach wie vor auf der Karte, ebenso wie Vitello Tonnato. Dort ist außerdem Regionales wie geschmorte Heidschnucken-schulter mit Tomaten, Oliven und Bohnen mit Euro-asiatischem wie Scampi-Jakobsmuschel-Spieß vom Grill mit Wokgemüse und Reisplätzchen und einer Hummersauce vereint.

Wie es sich für eine beliebte Bar gehört, gibt es eine richtige Getränkeauswahl: Es werden u. a. 12 Cocktails, 8 Longdrinks, 10 edle Obstbrände, 7 Grappe und 11 Rum angeboten! Die Weinkarte präsentiert derweil jeweils 5 offene Weiss- und Rotweine sowie eine ganze Reihe von Flaschenweinen renommierter Winzer. Der Service ist freundlich.

Besitzer/Inhaber
Manuel Bereuther
Küchenchef
Helmut Geist
Öffnungszeiten
täglich ab 19 Uhr
Reservierung
erwünscht
Kreditkarten
EC-Karte, Amex, Eurocard, Visa
Kinderkarte
nein
Hauptgericht
ab € 12,–
Menüs
von € 25,– bis € 42,–
Anzahl der Plätze
65

Aussicht, international

Brook

Bei den Mühren 91
20457 Hamburg/Altstadt
Tel. 040/37 50 31 28
Fax 040/37 50 31 27
www.restaurant-brook.de

Besitzer/Inhaber
Berit und Lars
Schablinski
Küchenchef
Lars Schablinski
Öffnungszeiten
Mo–Sa 12–15 Uhr
u. 18–23 Uhr
Ruhetag
So
Reservierung
erwünscht
Kreditkarten
EC-Karte, Amex
Mittagstisch
ab € 9,80
Hauptgerichte
von € 16,– bis
€ 22,–
Menüs
täglich wechselndes
Abendmenü mit wahl-
weise 4–5 Gängen à
€ 29,– bzw. € 33,–
Anzahl der Plätze
52

Seine Referenzen lesen sich gut, und trotz der renommierten Adressen, die Lars Schablinski in seinem Lebenslauf vorweisen kann, hat der talentierte Küchenchef die Bodenhaftung auch in seinem neuen und ersten eigenen Restaurant Brook nicht verloren. Seine Preisgestaltung ist vor allem nach der Euro-Einführung eine Wohltat. In dem minimalistischen Ambiente soll außer den dekorativen Wandhalterungen für Vasen und Kerzen nichts von der ebenfalls schnörkellosen Küche ablenken.

Die gibt sich international. Das Entenleberparfait mit Entenbrust, Portweingelee und Feldsalat war nicht zu fest und auch geschmacklich wunderbar. Bei den Vorspeisen fand sich neben dem sehr guten hausgebeizten Lachs mit Rösti, Feldsalat und Kräuter-Crème-fraîche auch ein Carpaccio vom Rinderfilet mit Trüffel. Im Menü ging es weiter mit einem sehr guten kurzgebratenen Tunfischfilet auf Zucchinigemüse mit Ratatouille und altem Balsamico. Wer à la carte isst, kann bei den Zwischengerichten zwischen drei Suppen (empfehlenswert die aromareiche Kartoffel-Lauch-Suppe mit gebeiztem Lachs) oder vier Pasta-Gerichten wählen. Beim Menü überzeugten die Scheiben vom Hirschrücken in Honigsauce mit Macairekartoffeln und Ingwerrotkraut. Aber auch der Tafelspitz auf Creme-Spinat mit Röstkartoffeln und Apfel-Meerettich war eine gute Wahl. Das wunderbare Kaffeemousse mit Gewürzen aus der Speicherstadt ist unbedingt zu empfehlen.

Auf der Weinkarte mit deutlichem Schwerpunkt auf italienischen Weinen finden sich auch Raritäten wie z. B. ein 1990er Château Lafitte Rothschild. Es werden auch, autofahrerfreundlich, halbe Flaschen offeriert. Der Service, den Berit Schablinski führt, agiert ausgesprochen freundlich und kompetent.

Schönes Ambiente, Bistro

Café Paris

Rathausstraße 4
20095 Hamburg/Innenstadt
Tel. 040/32 52 77 77
Fax 040/32 52 77 78
www.cafeparis.net

Besitzer/Inhaber
Rainer Wendt,
Thomas Pincon
Küchenchef
Michael Hermes
Öffnungszeiten
Mo–Fr 9–24 Uhr
Sa u. So 10–24 Uhr
Reservierung
erwünscht
Spezialität des Hauses
Steak Tatar Frites
Mittagstisch
ab € 9,–
Kinderkarte
nein
Hauptgerichte
ab € 12,–, Plat du
Jour ab € 6,50
Menüs
ab € 20,50
Anzahl der Plätze
90 im Restaurant
20 auf der Terrasse

Die ehemalige Schlachterei in der Innenstadt direkt am Rathaus ließ Multi-Gastronom Rainer Wendt zu einer Brasserie mit Pariser Flair umgestalten: schlichtes Ambiente, kleine Bistrotische, Holzstühle und ein langer Bartresen sorgen für Atmosphäre. Öffnungszeiten und Angebot sind gastfreundlich: Selbst wer spät kommt, findet noch einen reich gedeckten Frühstückstisch – am Wochenende bis 16 Uhr. Angestellte aus den umliegenden Büros und City-Shopper sorgen für Leben im Café Paris. Nach dem Frühstück geht es mit einem Mittagstisch, der beispielsweise Lyoner Wurst auf Linsen bietet, sowie einer kleinen Barkarte weiter. Abends bietet eine übersichtliche, aber ambitionierte Abendkarte Gerichte mit traditionell französischer Basis und mediterranen Akzenten. So gab es eine luftige Ricotta-Mousse mit Weißkraut-Karottensalat oder große Filets von der Dorade Royale, kross auf der Haut gebraten, dazu hausgemachte Stampfkartoffeln sowie eine weiße Tomatensauce. Als Dessert ist die Crème brûlée geradezu Pflicht.
Die Weinkarte offeriert rund 50 Positionen, darunter einige gute Bordeaux.

INDUSTRIE LANDWIRTSCHAFT

GEGRÜNDET 1882

Euro-asiatisch

Calla

**im Hotel Steigenberger
Heiligengeistbrücke 4
20459 Hamburg/Neustadt
Tel. 040/36 80 60
Fax 040/36 80 67 75
www.hamburg-steigenberger.de**

Besitzer/Inhaber
**Steigenberger Hotels
AG**
Küchenchef
Alfred Schreiber
Öffnungszeiten
Di–Sa 18–23 Uhr
Ruhetag
So u. Mo
Betriebsferien
**während der Hamburger Sommerferien
und zu Weihnachten**
Reservierung
erwünscht
Kreditkarten
**EC-Karte, Amex,
Diners, Eurocard, Visa**
Spezialität des Hauses
**Zanderfilet mit
Hummer gefüllt,
im Bananenblatt
gedämpft, Kokos-
Kurkuma-Sauce**
Kinderkarte
ja
Hauptgerichte
ab € 20,–
Menüs
von € 35,– bis € 56,–
Anzahl der Plätze
60

Alfred Schreiber gehörte einst zu den Pionieren der euro-asiatischen Küche in der Hansestadt. Was heute vielerorts vermeintlich zum guten Ton gehört, hat er schon vor zehn Jahren im Steigenberger am Alsterfleet etabliert. Und was der sympathische Küchenchef, der mehr auf Taten als auf Worte setzt, zaubert, kann sich sehen lassen: Schreiber hat sich mit dem Restaurant Calla fest in der Spitzengruppe hanseatischer Kochkünstler etabliert.

„East meets West" bezeichnet seinen Stil vielleicht am besten, der ein wahres Feuerwerk an Aromen ist und sich mit den Jahren immer weiter verfeinert hat. Er setzt Gewürze und Schärfe sicher und schmackhaft ein, und dann entstehen Kompositionen wie Hummer-Seeteufel-Yakitori oder Champagner-Senfsuppe mit Tatar vom Wolfsbarsch. Aber auch die wenigen internationalen Gerichte akzentuiert Schreiber mit asiatischen Aromen. So wurde die köstliche Entenleber auf Birnenkonfit mit fünf chinesischen Gewürzen kombiniert. Sogar beim Dessert werden Klassiker verfremdet, zum Beispiel die Crème brûlée mit Kaffee aromatisiert und mit einem Orangen-Kardamomsorbet serviert.

Die Weinkarte weist vor allem gute Tropfen wie Riesling oder Weißburgunder von deutschen Winzern auf, die mit der euro-asiatischen Küche gut harmonieren. Der Service ist ausgesprochen freundlich und zuvorkommend.

Bistro

Clasenhof

Große Brunnenstraße 61a
22763 Hamburg/Ottensen
Tel. 040/280 76 98
Fax 040/39 80 61 26
www.clasenhof.de

Michael Weißenbruch, den Winterhudern bestens aus dem A Table bekannt, wirkt jetzt in Ottensen im Clasenhof. 100 Gäste kann der Chef in dem alten Fabrikgebäude bewirten, das er umbauen und gemütlich herrichten ließ. In der Mitte hat sich Weißenbruch mit einer offenen Küche selbst eine Bühne geschaffen.

Kulinarisch setzt er auf eine feine regionale Küche mit französischen Akzenten. So gab es als Vorspeisen Weinbergschnecken oder Jakobsmuscheln auf feinem Rote-Bete-Ingwersalat. Empfehlenswert sind auch die karamellisierten Jakobsmuscheln mit Vadouvan gewürzt, einer sehr teuren und seltenen Gewürzmischung, die Weißenbruch direkt aus Paris importiert. Als Spezialität des Hauses werden gefüllte Entenleberpralinen mit Mango-Champagnergelée sowie, je nach Saison, hausgemachte Merguez oder Hirschbratwürstchen angeboten. Köstlich schmeckte uns der ausgelöste halbe Maine Lobster mit Armagnac flambiert auf Linguine in Krustentiersauce, ein Genuss war die Holsteiner Landente, die Weißenbruch in zwei Gängen serviert: die Brust auf Beeren-Rotkohl und die Keule auf Grünkohl mit süßen Bratkartoffeln.

Die Weinkarte umfasst rund 60 Positionen mit vorwiegend französischen Gewächsen sowie einigen spanischen Tropfen, davon werden 16 Weine auch offen ausgeschenkt. Die Elsässer Weine werden direkt importiert.

Besitzer/Inhaber
Michael Weißenbruch
Küchenchef
Michael Weißenbruch
Öffnungszeiten
Di–So 18–23 Uhr
Ruhetag
Mo
Reservierung
erwünscht
Kreditkarten
EC-Karte, Visa,
Eurocard
Spezialität des Hauses
Ente in zwei Gängen,
Zanderfilet auf
Rauchlinsen
Hauptgerichte
ab € 14,–
Menüs
ab € 30,–
Anzahl der Plätze
100

Italienisch

Come Prima

Eppendorfer Weg 210
20251 Hamburg/Eppendorf
Tel. 040/420 25 99
Fax 040/420 49 16
www.come-prima.de

Besitzer/Inhaber
Riccardo Gonzo
Küchenchef
Massimo Senis
Öffnungszeiten
Mo–Sa 18–24 Uhr
Ruhetag
So
Reservierung
erwünscht
Kreditkarten
EC-Karte, Eurocard
Kinderkarte
nein
Hauptgerichte
ab € 13,50
Anzahl der Plätze
55 im Restaurant
50 auf der Terrasse

Nicht nur das Eppendorfer Publikum trifft sich gerne im Come Prima. Hier lässt es sich gut essen und die Atmosphäre stimmt, vor allem, wenn das Ristorante gut besucht ist und die Stimmung mit der Lautstärke der Musik steigt. Trotz der schlichten Einrichtung ist es gemütlich, und der Service ist freundlich und engagiert.

Die Karte bietet Bodenständiges, aber was hier als italienische Hausmannskost daherkommt, ist besser als manch bemüht originelle Kreation anderswo. Neben der Standardkarte mit Gerichten wie Carpaccio, Scampi und Penne all'arrabiata gibt es eine Tageskarte mit zahlreichen weiteren Köstlichkeiten. Fast ein Klassiker mittlerweile sind die pikanten hausgemachten Würstchen, diesmal vom Wildschwein, auf scharfen roten Bohnen – ein köstlicher rustikaler Einstieg nach der Bruschetta. Leichter und frisch, aber nicht ganz so intensiv im Aroma, war der lauwarme Salat vom Pulpo. Das Zanderfilet wurde von würzigem Gemüse mit geröstetem Knoblauch begleitet. Das Kalbsfilet mit schwarzen Trüffeln war zart, das Gemüse schmackhaft gegrillt. Als Desserts gibt es Klassiker wie Panna cotta oder Erdbeeren mit Mascarpone, aber auch ein Nougatparfait mit hausgemachtem Zimteis.

Die Weinkarte umfasst rund 20 Positionen.

Szene-Tipp, Bistro

Cox

**Greifswalder Straße 43/Lange Reihe 68
(2 Eingänge)
20099 Hamburg/St. Georg
Tel. 040/24 94 22
Fax 040/280 50 902
www.restaurant-cox.de**

Die Lange Reihe in St. Georg hat sich im Laufe der letzten Jahre gewandelt, aber das Restaurant Cox ist so beliebt wie eh und je. Helle Wände, Lederbänke und -stühle und ein trendiges Publikum haben das Lokal zum gemütlichen Szene-Treff gemacht.

Auch hier weist die saisonale Küche durchaus euro-asiatische Einflüsse auf, meistens allerdings in recht zurückhaltender Form. Das Speisenangebot reicht von hausgemachter Blutwurst auf scharfem Papayasalat über ein wunderbares Schellfischfilet in einer warmen Kapern-Kürbis-Vinaigrette mit Kartoffel-Frisée-Püree und frittiertem Landei bis zu einem Strudel von Kaninchen und Scampi in saurer Sahne mit Zimt. Die Auswahl der Gerichte, die täglich wechselt, wie auch der Desserts ist überschaubar, bietet aber insgesamt eine gelungene Mischung. Zum Nachtisch schmeckte zum Beispiel eine Honig-Rosmarin-Mousse. Der Service ist engagiert und kompetent. Neben den traditionellen Weinanbaugebieten Frankreichs und Italiens bietet das Cox nun auch vermehrt Weine aus Deutschland, Österreich und Übersee an.

Besitzer/Inhaber
**Herbert Menzer,
Holger Dankenbring**
Küchenchef
Holger Dankenbring
Öffnungszeiten
**Mo–Fr 12–15 Uhr
Mo–So 19–23.30 Uhr**
Ruhetag
Sa u. So mittag
Reservierung
erwünscht
Kreditkarten
Amex
Spezialität des Hauses
**Brickteigstrudel von
Kaninchenrücken und
Scampi auf Kürbis
und Lauch in saurer
Sahne mit Zimt**
Mittagstisch
**Vorspeisen ab € 4,50
Hauptgänge ab € 7,50**
Kinderkarte
auf Anfrage
Hauptgerichte
ab € 14,50
Menüs
**auf Anfrage, von
€ 28,– bis € 42,–**
Anzahl der Plätze
110

Schönes Ambiente, italienisch

Da Caio

im Gastwerk Hotel
Beim Alten Gaswerk 3
22761 Hamburg/Bahrenfeld
Tel. 040/89 06 24 68
Fax 040/890 62 20
www.gastwerk-hotel.de

Besitzer/Inhaber
Kai Hollmann
Küchenchef
Renzo Ferrario
Öffnungszeiten
Mo–Sa 12–15 Uhr u.
18–23 Uhr
Ruhetag
So
Reservierung
erwünscht
Kreditkarten
Amex, Eurocard, Visa
Mittagstisch
ab € 7,–
Kinderkarte
nein
Hauptgericht
ab € 12,–
Menüs
von € 35,– bis € 70,–
Anzahl der Plätze:
90 im Restaurant
50 auf der Terrasse

Trotz des Siegeszugs der euro-asiatischen Küche hat die italienische nichts an Beliebtheit eingebüßt. Auch Kreative schätzen sie noch immer – um so mehr, wenn sie mit schönem Design gepaart ist wie im Gastwerk in Bahrenfeld. Das Design-Hotel hat großen Erfolg mit seinem Konzept, Besitzer Kai Hollmann wurde jüngst zum Hotelier des Jahres gekürt. Zu dem Erfolg trägt auch das italienische Restaurant Da Caio bei, das in seiner Gestaltung die Kombination aus altem Backsteingemäuer und modernem Industriedesign aufnimmt. Warmes, unverputztes Ziegelmauerwerk spielt mit cool-moderner Einrichtung.

Die Speisekarte präsentiert eine kreative italienische Küche auf hohem Niveau mit Gerichten wie Carpaccio vom Salzwiesenlamm mit Minze und Ofentomate, Ricotta Gnocchi mit Pfirsichen in Balsamicoessig oder Lammfilet auf karamellisiertem Chicorée in Schokoladen-Salbei-Sauce.

Der Service ist engagiert und agiert mit italienischem Charme. Die Weinkarte zählt über 200 Weine aus fast jeder italienischen Region und Raritäten wie beispielsweise den Petit Arvine aus dem Aostatal sowie 12 offene Weine.

Aussicht, Szene-Tipp

Darling Harbour

Neumühlen 17
22763 Hamburg/Altona
Tel. 040/38 08 900
Fax. 040/38 08 90 44
www.darling-harbour.de

Besitzer/Inhaber
Christian Rach
Küchenchef
Gerald Zogbaum,
Tom Roßner
Öffnungszeiten
Mo–Fr 12–14.30 Uhr
u. 18–22.30 Uhr
Sa 15–24 Uhr
So 10–24 Uhr (Brunch
bis 15 Uhr)
Kreditkarten
Amex, Diners, Euro-
card, Visa
Spezialität des Hauses
Toskanische Brotzeit,
warme und kalte
Köstlichkeiten aus
der Region, inkl. 1,5 l
Chianti
Mittagstisch
ab € 10,–
Hauptgerichte
ab € 19,–
Menüs
von € 37,– bis
€ 46,– (4 Gänge)
Kinderkarte
ja (kindgerechte
Speisen nach Wunsch)
Anzahl der Plätze
100 im Restaurant
100 auf der Terrasse

Die Idee ist simpel, aber genial. Drehstühle sorgen im Darling Harbour für Gleichberechtigung in Sachen Aussicht und gewährleisten allen Gästen einen gleichermaßen atemberaubenden Blick auf die Elbe. In dem schlicht-modern eingerichteten Restaurant dominieren Holz und große Glasfronten. Auf je 100 Plätzen unten und auf der Empore sowie auf der Terrasse soll sich ein breites Publikum wohl fühlen, dafür sorgt die Crew von Christian Rach, der die Idee zum Darling Harbour hatte, aber dem Tafelhaus auch in Zukunft treu bleibt.

Die alle fünf bis sechs Wochen wechselnde Karte hat durch „Hamburgs teuerste Currywurst" bereits für Schlagzeilen gesorgt und reichte bei unserem Besuch von gefülltem Spanferkel bis hin zum Steinbutt mit gehobelter Stopfleber. So gab es Entenleberparfait mit Waldorfsalat und Brioche oder Tagliatelle mit Pancetta und Kaninchen. Butterzart war das Kalbskotelett mit „dicken Pommes" und hausgemachtem Apfelsenf, gut gelungen auch das Stubenküken auf Kartoffel-Majoranragout. Beinahe Sucht fördernden Charakter hatte die Orangenblüten-Crème-brûlée mit Milchschaumeis.

Der charmante Service verliert auch in hektischen Zeiten weder die Fassung noch die Übersicht – wenn überhaupt, dann nur an den drei Garderobenschränken, aber das ist erlaubt. Die Weinkarte hat große wie kleine Tropfen auch für Nicht-Experten als solche gekennzeichnet.

Bistro

Delta Bistro

Lagerstraße 11 (Tor 3)
20357 Hamburg/St. Pauli
Tel. 040/431 61 84
Fax 040/431 61 98

Besitzer/Inhaber
Delta-Fleisch Handelsgesellschaft mbH
Küchenchef
Hauke Splieth
Öffnungszeiten
Mo–Fr 12–1 Uhr
Sa 18–1 Uhr
Ruhetag
So und feiertags
Kreditkarten
EC-Karte, eigene Delta-Card
Spezialität des Hauses
Krokodil, Strauß, Känguru u. frischer Hummer
Mittagstisch
ab € 6,95
Hauptgerichte
ab € 12,–
Menüs
von € 20,– bis € 40,–
Anzahl der Plätze
150

In der Kühlzone parterre stapelt sich ein vielfältiges Angebot für Köche und Hobbyköche: Delta-Fleisch im Hamburger Schlachthof beliefert nicht nur die Gastronomie mit Frisch-, Halbfertig- und Tiefkühlprodukten, sondern auch das eigene Bistro. Im ersten Stock bietet die lange Speisekarte des Delta Bistro deshalb aus der Produktpalette exemplarische Zubereitungen wie irische Donegal-Austern auf Eis, Red-Snapper-Filet mit Zitronenkapernbutter oder Krokodilschwanz am Knochen gebraten. Große Kochkunst erwartet hier niemand, aber das Fleisch ist meist perfekt gebraten, das Brot gewärmt, und die Krustentiere wie Hummer sind von verlässlicher Größe. Daneben gibt es aber auch Bodenständiges wie Ente mit Rotkohl oder Ambitioniertes wie Gänsestopfleber mit Apfelperlen in Calvados-Karamellsauce.

Hier trinkt man gern ein gut gezapftes Bier. Die Weinkarte weist 120 Positionen aus vielen bekannten Anbaugebieten auf mit Schwerpunkten auf deutschen Rieslingweinen, französischen, österreichischen und überseeischen Gewächsen.

Schönes Ambiente, asiatisch

Doc Cheng's

im Hotel Vier Jahreszeiten
Neuer Jungfernstieg 9-14
20354 Hamburg/Innenstadt
Tel. 040/34 94 333
Fax 040/34 94 26 08
www.hvj.de

Als exotischer Farbtupfer in der Gastronomieszene der Hansestadt machte das Doc Cheng's im Souterrain des Luxushotels Raffles Vier Jahreszeiten schon gleich nach der Eröffnung Furore. Das ist jetzt ein paar Jahre her, und mittlerweile hat sich das Restaurant mit seinem euro-asiatischen Küchenkonzept und dem ungewöhnlichen Ambiente einen Namen auch weit über die Grenzen der Stadt hinaus gemacht. Zahlreiche Auszeichnungen schmücken das Doc Cheng's, und man sollte vor einem Besuch rechtzeitig für eine Reservierung sorgen.

Bar und Restaurant kopieren das legendäre Raffles Hotel der zwanziger Jahre in Singapur, in dem Weltenbummler Doc Cheng angeblich ein und aus ging.

Aus der Küche kommt eine „Cuisine orientale", eine Kombination von asiatischen Gewürzen, Gemüse und Garmethoden mit europäischem Meeresgetier, Fleisch und Geflügel. Zum Beispiel können Sie als Vorspeise Sushi, Sashimi und Tatar vom Tunfisch mit Glasnudel- und Orientalsalat sowie mariniertem Rettich genießen, gefolgt von gegrilltem Sambal Red Snapper in Zimt-Passionsfruchtsauce mit Kaisergranat und Grünschalmuscheln auf Kai Lan und Safranreis. Zum krönenden Abschluss schmeckt das Dreierlei von der Mango auf Crème brûlée von Pandanblättern.

Der Service ist zuvorkommend. Die Weinkarte umfasst ca. 150 Positionen. Bei Bedarf wird gerne die große, 800 Positionen umfassende Weinkarte des Restaurants Haerlin gereicht.

Besitzer/Inhaber
Raffles Holding
Limited
Küchenchef
Niels Mester
Öffnungszeiten
Di–Do 12–14 Uhr
u. 18–23 Uhr
Fr 12–14.30 Uhr
u. 18–0 Uhr
Sa 18–0 Uhr
So 18–23 Uhr
Ruhetag
Mo
Reservierung
erwünscht
Kreditkarten
EC-Karte, Amex,
Diners, Eurocard, Visa
Spezialität des Hauses
euro-asiatische
Küche, Tandoori
Spezialitäten
Mittagstisch
ab € 12,–
Kinderkarte
nein
Hauptgerichte
ab € 15,–
Menüs
von € 18,– bis € 42,–
Anzahl der Plätze
138

Eisenstein

Friedensallee 9
22765 Hamburg/Ottensen
Tel. 040/390 46 06
Fax 040/390 74 51
www.restaurant-eisenstein.de

Besitzer/Inhaber
Ingrid Burmeister-Evers
Küchenchef
Jes Autzen
Öffnungszeiten
täglich 11–1 Uhr
Reservierung
erwünscht
Kreditkarten
EC-Karte
Spezialität des Hauses
Pizza aus dem Steinbackofen
Mittagstisch
ab € 7,50
Kinderkarte
nein
Menüs
von € 15,– bis € 28,50
Hauptgerichte
ab € 13,30
Anzahl der Plätze
120 im Restaurant 100 auf der Terrasse
Besonderheiten
an Sonn- und Feiertagen Frühstücksbuffet von 10–16 Uhr

Das Eisenstein in den Zeisehallen ist zweifelsohne ein Unikum in der Gastronomielandschaft der Stadt. Es ist sowohl Pizzeria als auch Szenelokal, aber auch Bistro und Restaurant. Aus dem Holzbackofen kommen die besten Pizzen Hamburgs, da sind sich Kenner einig. Trotzdem gleichen Ambiente und Atmosphäre denen eines Bistros, das sich abends in ein Restaurant mit ansehnlichem Speisenangebot wandelt.

Die Gäste erwartet in dem großen Raum eine zeitgemäße internationale Küche mit mediterranen und asiatischen Einflüssen. So locken Tatar vom Tunfisch im gebackenen Sesamkörbchen mit Wasabicreme und Shisokresse oder gefüllter Kaninchenrücken mit Rosmarin-Honigjus, karamellisiertem Chicoree und Kartoffel-Ricotta-Gnocchi als Zwischengericht. Es gibt Rustikales wie Kalbsleber „Berliner Art", aber auch Zanderfilet und zum Abschluss beispielsweise Crème brûlée mit Minz-Ananassalat.

Die Pizzen haben neben einem hervorragenden Geschmack übrigens auch durchaus noch Unterhaltungswert: Ungewöhnliche Kreationen tragen Namen wie „Blöde Ziege".

Die Weinkarte mit deutschen, französischen und italienischen Tropfen ist gut sortiert und fair kalkuliert. Ein lobenswerter Service: jeden Monat wird ein Wein besonders preiswert angeboten, dazu gibt es eine Flasche Mineralwasser gratis.

Aussicht, international

Elba

Große Elbstraße 49
22767 Hamburg/Altona-Altstadt
Tel. 040/80 900 9000
Fax 040/80 900 9001

Besitzer/Inhaber
Ajnur Komljen
Küchenchef
Oliver Pfahler
Öffnungszeiten
Mo–So 12–24 Uhr
Kreditkarten
EC-Karte, Amex,
Eurocard, Visa
Spezialität des Hauses
Sauté vom Steinbutt
mit geschmolzener
Chorizo,
Octopus-Carpaccio
mit Tomaten-Pinien-
kern-Vinaigrette
Mittagstisch
ab € 18,– (3-Gang-
Lunch-Menü)
Hauptgerichte
ab € 17,–
Menüs
von € 30,– bis
€ 42,– (Abend)
Kinderkarte
nein
Anzahl der Plätze
250 im Restaurant
120 auf der Terrasse

Nachdem Sven Büttner aus dem Elba ins Atlantic wechsel-te, war es wohl Glück im Unglück, dass die Komljens gerade ihr Latini geschlossen hatten und Chefkoch Oliver Pfahler an der Elbe die Lücke füllen konnte. Die neue Herausforderung in dem großen, im Industriedesign gestalteten und trendigen Restaurant hat Pfahler bisher mit Bravour gemeistert. Seine Küche im Elba ist von einem soliden und hochwertigen mediterranen Bistro-Stil geprägt. Es gibt täglich ein neues Abendmenü zu fair kalkulierten Preisen. Neben den obligatorischen Salat- und Carpaccio-Variationen locken Austern und Hummer. Aromatisch und reichlich war das Octopus-Carpaccio mit Tomaten-Pinien-kern-Vinaigrette.

Zwei verschiedene Suppen stehen auf der Karte, dazu fünf Pasta- und Risotto-Zwischengerichte wie beispielsweise Tagliatelle mit geschmolzenen Tomaten und Scampi oder Risotto Parmigiano. À la carte gibt es vier Fisch- und fünf Fleischgerichte mit vorwiegend mediterranen Einflüssen wie Sauté vom Lachs mit Zitrusfrüchten und Polenta. Butterzart und aromatisch war der pochierte Seeteufel mit confitierten Tomaten und Chorizo, eine eigenwillige Kreation des Küchenchefs. Das Rinderfilet mit Estragon-Karotten und Salbei-Gnocchi gehört zum Standardprogramm, überzeugt aber durch solide Qualität. Auf den Punkt gegart war das gegrillte Kalbskotelett mit mediterranem Gemüse. Die Desserts sind Klassiker wie gratinierte Beeren mit Sabayon oder Rote Grütze mit hausgemachtem Eis. Der Service hat sich perfekt eingespielt, ist souverän und zuvorkommend. Die Weinkarte bietet eine gute Auswahl an offenen Weinen.

Engel

Anleger Teufelsbrück (Ponton)
22609 Hamburg/Nienstedten
Tel. 040/82 41 87
Fax 040/822 69 95
www.restaurant-engel.de

Besitzer/Inhaber
Christian Rach
Restaurantleiter
Milenko Gavrilovic
Küchenchef
Kay Pellegrini
Öffnungszeiten
Mo–Sa ab 11 Uhr
Mo–So Küche bis
22.30 Uhr
So Brunch 10–14.30
Uhr
Reservierung
erwünscht
Kreditkarten
EC-Karte
Spezialität des Hauses
Paillard vom Schwert-
fisch mit Chili-Bohnen
und eingelegter Feige,
Lammkeule im
Gewürzmantel auf
gefüllter Artischocke
und Senfkörnerjus
Hauptgerichte
von € 6,50 bis € 18,–
Anzahl der Plätze
55 im Restaurant
40 auf der Terrasse

Das Restaurant Engel am Anleger Teufelsbrück hat nichts von seiner Beliebtheit eingebüßt, auch nicht nach der verheerenden Kollision mit einem Schiff, nach der die Dependance von Tafelhaus-Chef Christian Rach erst mal geschlossen werden musste. Von dem Zusammenstoß ist nichts mehr zu sehen, und die Gäste genießen wie eh und je den Blick aus dem rundum verglasten Engel im ersten Stock des Pontonaufbaus auf Elbe und Schiffe.

Was die Küche dort auf engstem Raum zaubert, verdient Bewunderung. Die Karte orientiert sich durchaus am Tafelhaus, ist aber einfacher in der Ausführung, wenn auch ebenso anspruchsvoll, was die Qualität der Produkte angeht.

Die Gäste wählen zwischen Gerichten wie Rotbarbenfilets mit Avocadodip und Zucchinivinaigrette als Vorspeise oder einem Spieß von Kaninchenrücken auf grünem Tomatenchutney als Zwischengericht. Die Hauptgerichte vereinen Regionales mit Mediterranem, zum Beispiel bei Paillard vom Schwertfisch mit Chili-Bohnen und eingelegter Feige, provenzalischem Fischeintopf mit Fenchel oder Lammkeule im Gewürzmantel auf gefüllter Artischocke und Senfkörnerjus. Als Dessert erfreut sich unter anderem eine Mousse aus dem Szenegetränk Caipirinha großer Beliebtheit.

Auf der Weinkarte mit rund 50 Positionen herrschen italienische und französische Tropfen vor.

Aussicht, Fischküche, Promi-Treff

Fischereihafen Restaurant

Große Elbstraße 143
22767 Hamburg/Altona
Tel. 040/38 18 16
Fax 040/389 30 21
www.fischereihafen-restaurant-hamburg.de

Besitzer/Inhaber
Dirk und Rüdiger Kowalke
Küchenchef
Wolf-Dieter und Jens Klunker
Öffnungszeiten (Küche)
So–Do 11.30–22 Uhr
Fr u. Sa 11.30–22.30 Uhr
Reservierung
empfehlenswert
Kreditkarten
EC-Karte, Amex, Diners, Eurocard, Visa
Spezialität des Hauses
Nordsee-Steinbutt gekocht mit Pommerysenf-Sauce
Mittagstisch
Vorspeise und Suppe ab € 4,50, Hauptgerichte ab € 7,50
Kinderkarte
nach Wunsch
Hauptgerichte
ab € 12,50
Menüs
ab € 19,–
Anzahl der Plätze
170 im Restaurant
50 auf der Terrasse

Es gibt nur wenige Restaurants der Stadt, die eine Institution sind, und das Etablissement von Rüdiger und Dirk Kowalke gehört mit Sicherheit dazu. Das liegt nicht nur an der „Prominenten-Dichte", die hier wohl mit am höchsten ist. Bücher und Bilder von und mit Rüdiger und Dirk Kowalke legen im Eingangsbereich Zeugnis davon ab. Seit mehr als zwanzig Jahren halten die Kowalkes und Chefkoch Wolf-Dieter Klunker hier nun die Stellung, das Restaurant indes feierte 2001 sein 50jähriges Bestehen. Beständigkeit ist das, was die Gäste schätzen, vor allem eine verlässliche Qualität der Küche.

Zum Erfolg beigetragen hat wohl auch, dass das Restaurant nie Patina angesetzt, sondern sich stets weiterentwickelt hat. In der Küche ebenso wie in der Gestaltung. So sind die gemütliche Oyster-Bar mit Richi, einem Bar-Chef der Sonderklasse, sowie eine herrliche Balkon-Terrasse mit 50 Plätzen hinzugekommen. Die Küche setzt zwar weiter auf bewährte Klassiker wie Labskaus, Matjes, Kutterscholle oder Nordsee-Seezunge, kreiert aber auch moderne Gerichte wie Sushi- und Sashimi-Variationen oder Carpaccio vom Butterfisch, Steinbeißerfilet auf Meeresfrüchte-Risotto mit gebratenen Steinpilzen oder Saiblingsfilet auf Zuckerschotenmousse. Für Fleisch-Liebhaber gibt es ebenfalls stets zwei oder drei Gerichte wie Tournedos vom Rind mit gebratenen Waldpilzen und Sauce Bearnaise.

Der Service agiert freundlich und professionell. Die Weinkarte ist gut sortiert und hat deutsche und französische Schwerpunkte.

Fischküche

Kajen 12
20459 Hamburg/Neustadt
Tel. 040/36 56 31
Fax 040/36 09 11 53
www.die-fischkueche.de

Besitzer/Inhaber
Karin Brahm
Küchenteam
Matthias Hoffmann,
Sandro Laatz,
Rene Paul,
Magdalena Sulkowski
Öffnungszeiten
Mo–Fr 12–23 Uhr
Sa 18–23 Uhr
Ruhetag
So u. feiertags
Reservierung
erwünscht
Kreditkarten
EC-Karten, Amex,
Diners, Eurocard, Visa
Spezialität des Hauses
Fischsuppe des
Nordens
Kinderkarte
ja
Hauptgerichte
ab € 15,50
Menüs
von € 27,50 bis
€ 54,–
Anzahl der Plätze
60 im Restaurant
60 auf der Terrasse

Trotz der oft schwierigen Parkverhältnisse am Kajen hat die Fischküche ihre Stammgäste – und das schon seit vielen Jahren: Der nahe gelegene Verlag Gruner + Jahr, die Speicherstadt und die Büros in der Hamburger Neustadt sind nur wenige Meter entfernt. Maritime Moderne kennzeichnet das Interieur des Restaurants.

Die umfangreiche Speisekarte setzt ihren Schwerpunkt selbstverständlich auf Fisch und Meeresfrüchte. Der Kurs der Küche zeigt sich überwiegend neudeutsch und bietet Produkte wie Dorschfilet auf Spitzkohl und Pommery-Senfsauce oder Zanderfilet unter einer Sauerkrautkruste mit Zitronen-Buttersauce und Kartoffelpüree an. Manchmal ist die Karte auch mit Zitaten aus der mediterranen und der asiatischen Küche angereichert. So kamen zu saftig gebratenen Riesengarnelen pikant gewürzte Tandoori-Spaghetti. Mediterran waren die Tagliatelle in Tomaten-Pesto-Sauce zu gut gebratenen Mahi-Mahi (Goldmakrelen). Klassiker unter den Desserts sind die dreierlei hausgemachten Sorbets an Fruchtkompott sowie ein köstliches Mandelparfait.

Die Weinkarte versammelt ein paar ordentliche Weißweine aus Deutschland, Frankreich und Italien.

Schönes Ambiente, euro-asiatisch

Fusion

im Hotel Side
Drehbahn 49
20354 Hamburg/Neustadt
Tel. 040/30 99 90
Fax 040/30 99 93 99
www.side-hamburg.de

Klare Linien herrschen vor in dem langen Raum, der gestaltet ist, wie es sich für ein Design-Hotel gehört: Das Restaurant muss sich nicht hinter dem Rest des Hauses verstecken. Die Speisekarte bietet das, was man sich unter „Fusion" vorzustellen hat: euro-asiatische Gerichte, oft mit mediterranen Wurzeln, „fusionieren" fast immer mit fernöstlichen Gewürzen und Kräutern, Chutneys und Saucen.

Vorweg gibt es gutes aromatisches Olivenöl mit zwei Sorten Brot. Bei den Vorspeisen gefielen der knusprige Parmesanring mit gemischtem Salat, gebratenen Pilzen und einer Reduktion aus roten Paprikaschoten und Garam Masala. Pikant war auch die Entenbrust vom Grill auf einer Kartoffel-Galette mit Feigen-Kompott. Die Karte offeriert rund ein Dutzend Hauptgerichte, darunter vegetarische Pilz-Kräuter-Cannelloni, aber auch Rinderfilet mit Cassis-Sauce, Hühnerbrust mit Sesam-Koriander-Sauce oder Red Snapper. Ein guter Abschluss war die eigenwillige Tiramisu-Variation mit fernöstlicher Note, die mit grünem Tee gewürzt und mit einer Glasur aus Zitrusfrüchten garniert war.

Die Weinkarte bietet rund 90 Flaschen aus Europa und Übersee, die zum Teil hervorragend zur euro-asiatischen Küche passen.

Besitzer/Inhaber
Theo und Gregor Gerlach
Küchenchef
Olaf Niemeier
Öffnungszeiten
Mo–Do 19–23 Uhr
Fr u. Sa 19–24 Uhr
So 18–23 Uhr
Reservierung
erwünscht
Kreditkarten
EC-Karte, Amex, Diners, Eurocard, Visa
Mittagstisch
ab € 13,–
Kinderkarte
nein
Hauptgerichte
von € 14,– bis € 22,–
Menüs
ab € 38,–
Anzahl der Plätze
100

Ganzoni

Eppendorfer Landstraße 61
Klosterhofpassage
20249 Hamburg/Eppendorf
Tel. 040/47 38 55
Fax 040/480 13 82

Besitzer/Inhaber
Marco Schröder
Küchenchef
Frank Evers
Öffnungszeiten
Mo–Fr 12–21 Uhr
Sa 12–16 Uhr
Ruhetag
So
Reservierung
erwünscht
Kreditkarten
keine
Spezialität des Hauses
hausgemachte Pasta,
z. B. getrüffelte Kar-
toffelravioli, Geflügel-
Sesam-Ravioli
Mittagstisch
ab € 5,–
Kinderkarte
Kindern wird indivi-
duell etwas
zusammengestellt.
Hauptgerichte
ab € 8,–
Anzahl der Plätze
30 im Restaurant
60 auf der Terrasse

Eigentlich ist das Ganzoni gar kein Restaurant, sondern eher ein Traiteur, ein Spezialist im Außer-Haus-Verkauf also. Um den Tresen stehen ein paar Barhocker und einige Bistrotische, lediglich im Sommer werden auf der Terrasse rund 60 Plätze eingedeckt.

Das Angebot wechselt täglich, oft aber nur in Nuancen, und die Eppendorfer Stammkunden schwören auf die Ganzoni-Pasta. Die Küche bewegt sich verlässlich auf ordentlichem Bistro-Niveau und bietet täglich sechs bis acht verschiedene Pasta-Variationen an. Darunter Klassiker wie Spaghetti Vongole, die eine ordentliche Muschelqualität boten, oder die ebenso schlichten wie köstlichen Ravioli in Salbeibutter. Der bunte Salat enthielt eine gute Auswahl an frischen Zutaten und war ebenso frisch angerichtet – heute leider durchaus nicht überall üblich.

Bei den Hauptgerichten ist das Angebot nicht sehr umfangreich. Klasse statt Masse ist das Motto. Gut gefiel uns die Maispoulardenbrust auf Tomaten-Olivenragout mit Knoblauchkartoffeln.

Die Weinkarte umfasst neun offene Weiß-, zwei Rosé- und sieben Rotweine, die aus Italien, Australien, der Schweiz, Spanien, Österreich und Deutschland kommen. Alle Weine sind auch glasweise zu haben.

Der Service ist freundlich und unkompliziert.

Szene-Tipp, Bistro

Goldfisch

Isekai 1
20249 Hamburg/Eppendorf
Tel. 040/57 00 96 90
Fax 040/47 19 42 66
www.goldfisch.de

Besitzer/Inhaber
Marsau & Steuck Gbr.
Küchenchef
Stephan Schranz
Öffnungszeiten
täglich 12–23 Uhr
Sa u. So 10–14.30 Uhr
Frühstück
Kreditkarten
Amex
Mittagstisch
ab € 13,30
(Mittagsmenü inkl.
1 Glas Wein)
Hauptgericht
ab € 17,–
Menüs
von € 26,50 bis
€ 50,–
Kinderkarte
ja
Anzahl der Plätze
60 im Restaurant
60 auf der Terrasse
30 im Bistro
Besonderheiten
Bootsverleih mit
Picknick-Körben
Goldfisch Bar auf
Wasserebene, täglich
geöffnet von 18–1 Uhr

Das Konzept des erfolgreichen Gastro-Duos Uli Marsau und Tom Steuck ist mit dem Goldfisch aufgegangen. Hier trifft sich nicht nur die Eppendorfer Lokalprominenz, sondern auch die Schar der Liebhaber einer aromenreichen Küche. Edles Holz und warmes Licht schaffen ein angenehmes Ambiente, der Goldfisch hat als Namensgeber einen Ehrenplatz an der Wand gefunden. Und direkt daneben kann in einer Vitrine bestaunt werden, was später auf den Teller kommt.

Ein Tunfischfilet mit Paprika und Tomaten, Meerrettich und Mandeln zum Beispiel, hauchdünn, frisch und aromatisch. Einen Überblick über die Bandbreite der Küche erhält man mit der Fischvariation „Goldfisch", die mit mehr als einem halben Dutzend verschiedener Vorspeisen aufwartet. Ausgesprochen gut war auch das kross gebratene und dennoch saftige Wolfsbarschfilet auf getrüffeltem Kartoffelpüree mit grünem Spargel. Dass die Küche sich auch auf Fleischgerichte versteht, bewiesen die zarten Hirschmedaillons mit Walnussspätzle, Rosenkohl und Holundersauce. Im Vergleich zu den aromenreichen Hauptgerichten fiel das Dessert, ein Apfel-Karamell-Royaltörtchen mit weißem Zimteis und Holundersauce etwas ab. Ungewohnt und fast etwas zu scharf, aber dennoch ein interessantes Geschmackserlebnis war dagegen das Curryeis mit karamellisierter Chili-Ananas.

Der Service ist freundlich, charmant und unterhaltsam. Die Weinkarte umfasst über 100 Positionen, als Besonderheit werden hochwertige internationale Weine im Ausschank angeboten. Sonntag ist Fischfondueabend.

Bistro

Gusto

Milchstraße 25
20148 Hamburg/Rotherbaum
Tel. 040/41 49 77 09

Wer beim Essen Wert auf attraktive Gesellschaft legt, ist in Pöseldorfs neuem Szene-Treff gut aufgehoben. Im Gusto speisen Top-Models und solche, die es werden wollen, neben Gästen aus der Nachbarschaft in geselliger Eintracht. Inhaber Stephan Bouwman, der zuvor im Landhaus Flottbek kochte, hat sein behagliches Restaurant in der Milchstraße innerhalb eines Jahres etabliert und sich mit einem ordentlichen Preis-Leistungs-Verhältnis eine große Schar an Stammkunden erkocht.

Abend- und Tageskarte sind mediterran orientiert und bieten gängige wie kreative Gerichte. Empfehlenswert waren das Carpaccio vom Kalb und Seeteufel mit Rucola und Trüffelschaum, auch der Scampi-Spieß auf Glasnudelsalat und Currysoße war scharf und schmackhaft. Auf den Punkt gebraten und zart war das Rinderfiletsteak auf grünen Bohnen und aromatischem Portweinjus. Kabeljaufilet gab es mit Trüffelsoße oder klassisch mit Blattspinat und Pommerysenfsoße. Als Dessert lockte Zimtparfait mit Zwetschgenröster.

Der Service ist freundlich und unkompliziert, die Anzahl der offenen Weine ist leider eher klein.

Besitzer/Inhaber
Stephan Bouwman
Küchenchef
Stephan Bouwman
Öffnungszeiten
täglich 12–16 Uhr
u. ab 18 Uhr
Kreditkarten
EC-Karte, Eurocard,
Visa
Hauptgerichte
ab € 12,–
Menüs
Überraschungsmenü
drei Gänge € 29,–,
vier Gänge € 34,–
Anzahl der Plätze
40 im Restaurant
25 im Wintergarten

Gourmet-Tipp, schönes Ambiente

Haerlin

im Hotel Vier Jahreszeiten
Neuer Jungfernstieg 9-14
20354 Hamburg/Innenstadt
Tel. 040/34 94 33 09
Fax 040/34 94 26 08
www.hvj.de

Besitzer/Inhaber
Raffles Holding
Limited
Küchenchef
Christoph Rüffer
Öffnungszeiten
Di–Sa 18.30–22 Uhr
Ruhetag
So u. Mo
Reservierung
erwünscht
Kreditkarten
EC-Karte, Amex,
Diners, Eurocard, Visa
Spezialität des Hauses
Barbarie-Entenbrust
mit Äpfeln und Scha-
lotten gefüllt auf
Kohlrabi à la crème
mit Rouenaiser Sauce,
warm geräucherter
schottischer Wildlachs
mit Meerrettich-
mousse, Reibekuchen
und Gurkensauer-
rahm
Hauptgerichte
ab € 30,–
Kinderkarte
individuelle Betreu-
ung
Plätze
68

Wenn in einer Institution wie dem Haerlin im Raffles Hotel Vier Jahreszeiten der Küchenchef wechselt, wird der neue mit größter Spannung erwartet. Sein Können und seine Klasse hat Christoph Rüffer längst bewiesen, zuletzt als Küchenchef im Fährhaus auf Sylt, wo er dem Haus gemeinsam mit seinem Partner einen Michelin-Stern und 17 Gault-Millau-Punkte bescherte. Rüffer ist mit Sternen groß geworden, unter anderem im Restaurant Schwarzwaldstube und im Hotel Bareiss. In Hamburg hat der 29-Jährige einen fulminanten Start hingelegt. Er hat die Weichen für den kulinarischen Kurs des Hauses neu gestellt und deutlich gemacht, dass er hohe Ziele hat. Ein würdiger Nachfolger für Hans-Peter Engels in jedem Fall.
Die Karte präsentiert leichte Gerichte auf Basis der klassischen französischen Küche mit mediterranen Einflüssen sowie auch mit regionalen Akzenten und wird von manchen Stammgästen als positive Weiterentwicklung von Engels traditionell französisch ausgerichteter Hochküche betrachtet. Bereits zum Aperitif machte Rüffer mit kleinen Köstlichkeiten, wie Scampi in Kräutern auf Couscous, Appetit auf das, was dann auf den eigentlichen Gruß aus der Küche folgte.
Die Wahl zwischen Vorspeisen wie Sülze vom Kalbsschwanz und Gänseleber in Madeiragelee mit Wachtelcrepinette oder provenzalischer Gemüseterrine mit sautiertem Hummer und Löwenzahnsalat fiel schwer. Letztlich entschieden wir uns für ein hervorragendes Saltimbocca von der Rotbarbe auf Fenchelsalat mit Balsamico. Auch die Zwischengerichte wie gratinierte Jakobsmuschelrosette auf Kaviarkartoffeln mit Noilly-Prat-Sauce waren Highlights. Ebenfalls empfehlenswert: der perfekt gegarte und fein abgestimmte Kaninchenrücken mit Parmaschinken gebraten auf Basilikumrisotto.

Neben Bressetaubenbrust auf Pfifferlingsrisotto oder gebratener Gänsestopfleber mit Himmel und Erde in Trüffeljus empfahl sich das butterzarte Filet vom Holsteiner Weideochsen in einer schmackhaften Meerrettichkruste auf Mangoldgemüse mit Thymiangnocchi. Ein Hochgenuss: Tranche vom Steinbutt mit karamellisierter Gänsestopfleber auf getrüffeltem Kartoffelpüree mit Baroloschalotten. Auch Rüffers Desserts sollte man sich auf keinen Fall entgehen lassen. Sehr gut: Gratin von Erdbeeren und Mango mit Mandelschaum oder gratiniertes Kokosparfait auf Ananas und Himbeeren.

Der Service agiert sehr umsichtig. Die Weinkarte präsentiert sich weiterhin in gewohntem Umfang und gehört mit zu den besten der Stadt.

Kalifornisch-japanisch

Henssler und Henssler

Große Elbstraße 169
22767 Hamburg/Altona
Tel. 040/38 69 90 00
Fax 040/38 69 90 55

Besitzer/Inhaber
Werner und Steffen
Henssler
Küchenchef
Steffen Henssler
Küchenzeiten
Mo–Fr 12–15 Uhr u.
18–23.30 Uhr
Ruhetag
So
Reservierung
erforderlich
Kreditkarten
EC-Karte, Amex
Hauptgerichte
ab € 14,–
Menüs
von € 18,50 bis
€ 40,–
Anzahl der Plätze
115 im Restaurant
50 auf der Terrasse

Werner Henssler hat sich nun auf sein gastronomisches Engagement an der neuen Hafenmeile konzentriert. Dort hatte er gemeinsam mit seinem Sohn Steffen ein größeres Restaurant als das Petit Délice eröffnet und letzteres schließlich abgegeben.

Das Henssler und Henssler ist ein Mekka für Puristen: In der ehemaligen Lagerhalle an der Großen Elbstraße dominieren Weiß und Schwarz die schlichte Einrichtung, die Sushi-Bar trennt den Restaurantbereich von der offenen Küche. Hier kocht Steffen Henssler mit seiner Crew für maximal 115 Gäste (im Sommer kommen noch 50 auf der Terrasse hinzu) eine kalifornisch-japanische Küche, die ebenfalls auf Schnörkel verzichtet.

Die Sushi- und Sashimi-Auswahl gehört sicher mit zu den besten, die es in Hamburg gibt. Mit Tunfisch oder Lachs „on the rocks" enthält sie Klassiker. Hervorragend sind auch der Hähnchenspieß Yakitori mit köstlicher Sauce, gebratenes Saiblingsfilet mit Tempura und zwei Saucen oder das halbe Hähnchen vom Teiyakigrill mit asiatischem Kartoffelsalat.

Die Weinkarte führt einige Angebote guter Erzeuger aus Deutschland und Italien.

Italienisch

Il Ristorante

Große Bleichen 16
20354 Hamburg/Innenstadt
Tel. 040/34 33 35
Fax 040/34 57 48

Besitzer/Inhaber
Alice v. Skepsgardh,
Hubertus Henrich
Küchenchef
Fred Nowack
Öffnungszeiten
täglich 12–23 Uhr
Reservierung
erwünscht
Kreditkarten
Amex, Diners, Euro-
card
Hauptgerichte
ab € 17,–
Menüs
von € 35,– bis € 50,–
Anzahl der Plätze
90

In mediterranem Ambiente speisen Hamburgs City-Shopper und Business-Luncher, obwohl das Il Ristorante in der
Innenstadt am Mittag durchaus Konkurrenz bekommen
hat.

Die Küche bietet unter anderem beliebte Klassiker. So
waren die Antipasti zu Beginn mit perfekt gebratenen
Scampi auf Rucolasalat mit Parmesan und Pinienkernen
ein verheißungsvoller Auftakt. Anschließend gefielen die
Scampi aus dem Wok mit gebratenen China-Nudeln, aber
besser noch die Kalbsschwanz-Steinpilz-Ravioli mit Balsamico und Parmesan und das Risotto mit Flusskrebs-
schwänzen und Estragon.

Als Hauptgang bereuten wir die Wahl des wirklich kross
gebratenen Spanferkelrückens mit saftigem Fleisch auf
gegrilltem Treviso, Parmesan und einer guten Balsamico-
Sauce kein bisschen. Die Fleischgerichte sind reichlich
bemessen, aber Platz fürs Dessert war immer noch. Der
Klassiker Tiramisu, hierzulande wohl die italienische
Nachspeise schlechthin, war von sehr guter, nicht zu süßer
Qualität.

Der Service hatte bei unseren letzten Besuchen die altbekannte Klasse und war locker, freundlich und effizient. Die
Weinkarte offeriert beinahe 100 Weine aus vorwiegend italienischen Anbaugebieten. Es werden auch halbe Flaschen
und 11 offene Weine angeboten.

Italienisch

Il Sole

Nienstedtener Straße 2d
22609 Hamburg/Nienstedten
Tel. 040/82 310 330
Fax 040/82 310 336

Schlicht, gemütlich und trotzdem ambitioniert geht es beim Italiener Il Sole kurz hinter dem Nienstedtener Marktplatz zu. An Sommertagen sitzt man draußen auf der Terrasse, aber auch drinnen bietet das kleine Restaurant mediterrane Atmosphäre.

Die Speisekarte offeriert natürlich die beliebten Klassiker, die beim Italiener nebenan nicht fehlen dürfen, von Spaghetti Vongole bis Zanderfilet, diesmal mit Pfifferlingen als saisonale Beilage. Auf der Karte stehen allerdings auch Gerichte, die noch nicht von Szenebistros vereinnahmt worden sind. Darunter zum Beispiel gebratene Salsicce, kleine pikante italienische Würstchen, mit Bohnen und einer köstlichen Balsamico-Sauce serviert. Im Il Sole sucht niemand anspruchsvolle Hochküche. Hier gibt es gut gemachte, leichte und sehr schmackhafte Gerichte. So überzeugte bei den Hauptgängen auch das perfekt gegrillte und schön saftige Steinbuttfilet auf Tomaten, Olivenöl und Frühlingsgemüse. Bei den Desserts gehört Panna cotta zum Standardrepertoire.

Auf der Weinkarte stehen etwas mehr als zwei Dutzend Weine, zumeist aus Norditalien und der Toskana.

Besitzer/Inhaber
Guido Morganti,
Daniele De Paolis
Küchenchef
John Collie
Öffnungszeiten
Di–Fr u. So 12–14
Uhr u. 18–22 Uhr
Sa 18–22 Uhr
Ruhetag
Mo
Reservierung
erwünscht
Kreditkarten
EC-Karte, Amex,
Eurocard
Mittagstisch
ab € 16,–
Kinderkarte
nein
Hauptgerichte
ab € 17,–
Menüs
von € 34,– bis € 40,–
Anzahl der Plätze
45 im Restaurant
25 auf der Terrasse

Italienisch

Il Vagabondo

Bahrenfelder Straße 242
22765 Hamburg/Ottensen
Tel. 040/390 35 98
www.ilvagabondo.de

Besitzer/Inhaber
Riccardo Scacchia
Küchenchef
Aloisi Luciano
Öffnungszeiten
Di–Fr 12–15 Uhr
Di–Sa 18–24 Uhr
So 12–24 Uhr
Ruhetag
Mo
Kreditkarten
EC-Karte, Eurocard
Hauptgerichte
ab € 13,–
Menüs
von € 24,– bis € 34,–
Anzahl der Plätze
60

Die Stammkunden aus dem Hamburger Westen schwören auf das Il Vagabondo, auch wenn der Innenarchitekt dieses Ristorante neben der Altonaer Fabrik mit Sicherheit wohl nie einen Design-Preis gewinnen wird. Es versprüht den schlichten Charme einer beliebigen Trattoria an einer ebenso beliebigen Landstraße in der Po-Ebene. Wegen des Interieurs kommt ohnehin kaum jemand, die Speisen hingegen sind durchweg wirklich ordentlich und die 60 Plätze an den meisten Abenden gut ausgebucht.

Auf einer großen Schiefertafel werden die Gerichte der Cucina casalinga, der bodenständigen italienischen Küche, wie Wachtel alla diavolo, angeboten. Weitere kleine Tafeln ergänzen das Angebot mit aktuellen Saisonspezialitäten wie Trüffel oder Steinpilze. Sehr gut waren die Spaghettini mit Steinpilzen, Kräutern und Olivenöl. Ebenfalls lecker der gegrillte Mozzarella auf Rucola mit Trüffeln. Oder Milchspanferkel aus dem Ofen mit Linsen. Köstlich waren auch die hausgemachten Salsicce, kleine pikante Würste, auf weißen Bohnen.

Der Service ist ausgesprochen freundlich. Die Weinkarte ist Standard, aber ein paar gute bis sehr gute italienische Weine finden sich immer.

Aussicht, Szene-Tipp, euro-asiatisch

IndoChine

Neumühlen 11
22763 Hamburg/Altona
Tel. 040/39 80 78 80
Fax 040/39 80 78 82
www.IndoChine.de

Mit dem IndoChine hat sich Gastronom Michael Ma aus Singapur ein Standbein in der Hansestadt geschaffen. Über der Lounge mit Bar im Erdgeschoss speist man auf zwei Ebenen mit insgesamt 120 Plätzen. Eine schlichte, aber nicht unterkühlte Einrichtung mit asiatischen Skulpturen und Möbelstücken verleiht den Räumen mit schönem Elbblick fernöstliche Atmosphäre.

Auf der abwechslungsreichen Karte finden sich neben einigen Hauptgerichten „für den internationalen Gaumen" wie gebratener Red Snapper auf Pilzgemüse und Basilikumschaum spannende Asia-Kreationen. Bei den Vorspeisen gefielen zweierlei Reisröllchen mit exotischen Früchten und Geflügel oder Meeresgetier gefüllt. Fruchtig und gut mit Koriander gewürzt war der Pomelosalat mit gedämpften Garnelen und Thaibasilikum. Neben kalt serviertem, roh mariniertem Fleisch und Fisch in drei verschiedenen Variationen gibt es die Garnelen auch bei den Hauptgerichten. Ob auf „kambodschanische Art" im Wok gebraten oder die ebenfalls empfehlenswerten temperierten Garnelen mit Zitronengras, Minze und Koriander parfümiert – Meeresfrüchte sind lohnenswert. Perfekt rosa gebraten war das Rinderfilet auf dem Zitronengrasspieß mit aromatisch-scharfem Schalotten-Chili-Gemüse. Köstlich waren das Mangoparfait mit in Curry mariniertem Melonen-Erdbeer-Salat und das nicht zu süße, soufflierte Süßkartoffeltörtchen an exotisch marinierten Früchten. Der Service ist umsichtig: Er erkundigte sich zu Beginn nach den persönlichen Vorlieben in Bezug auf die Schärfe der Speisen. Sicher ist sicher.

Besitzer/Inhaber
IndoChine, Restaurant & Bar GmbH
Küchenchef
Johann Tang, Sven Langanhe
Öffnungszeiten
täglich durchgehend 12–0 Uhr
Kreditkarten
EC-Karte, Amex, Eurocard, Visa
Mittagstisch
ab € 16,50
Hauptgerichte
ab € 16,50
Menüs
von € 38,– bis € 61,– (individuell auf Anfrage)
Kinderkarte
wahlweise individuelle Kindergerichte
Anzahl der Plätze
120 im Restaurant 200 auf der Terrasse 80 in der Bar

Jacobs Restaurant
im Hotel Louis C. Jacob
Elbchaussee 401-403
22609 Hamburg/Nienstedten
Tel. 040/822 550
Fax 040/822 55 444
www.hotel-jacob.de

Besitzer/Inhaber
Arkona AG
Küchenchef
Thomas Martin
Öffnungszeiten
täglich 12–15 Uhr u.
ab 18.30 Uhr
Reservierung
empfehlenswert
Kreditkarten
EC-Karte, Amex,
Diners, Eurocard,
Visa, JCB
Spezialität des Hauses
französische Küche,
die sich durch leichte
Zubereitung und
regionale Akzente
auszeichnet
Kinderkarte
ja
Hauptgerichte
ab € 27,–
Menüs
von € 59,– bis
€ 97,–
Anzahl der Plätze
45 im Restaurant
45 auf der Terrasse

Während anderswo ein Auf und Ab die Gastronomieszene der Hansestadt in Bewegung hält, herrscht in Jacobs Restaurant Kontinuität: Thomas Martin hat sich beständig weiter verbessert. Hoch gelobt und mehrfach prämiert, gilt er bei vielen als der beste seiner Zunft in Hamburg. Ein Glücksfall ist es fast, dass er in Jacobs Restaurant im Hotel Louis C. Jacob seine Wirkungsstätte gefunden hat. Hier paaren sich feine Kochkunst mit einer glanzvollen Hamburgensie, kulinarischer Hochgenuss mit historischem Flair. Und im Sommer spielt sich das Ganze draußen ab, auf der Lindenterrasse. Max Liebermann hat die baumbestandene Plattform auf der Elbseite des Hotels einst gemalt und berühmt gemacht. Wenn der Wind von der Elbe nicht zu kräftig hinüberweht, genießen die Gourmets der Stadt ihr Mahl unter den Linden, und dann hat die Terrasse fast mediterranes Flair und eine ganz besondere Atmosphäre.

Thomas Martins Küche ist leicht und kreativ, ohne überflüssige Schnörkel und immer aromatisch, häufig mit mediterranen Akzenten. Wer nicht wegen der knusprig gebratenen jungen Vierländer Ente kommt (und deswegen kommen viele), sollte mit dem Abendmenü auf Entdeckungsreise durch Martins Kochkünste gehen. Da gibt es zum Beispiel Pressé von der Périgord-Gänseleber mit Artischocke, Tomate und Sommertrüffel, aromatische sautierte Langustinen im Wassermelonensud mit Kopfsalatherzen, Steinbutt-Stockfischbrandade mit Kapern-Limonenjus, gebratene Bresse-Taubenbrust auf Steinpilzrisotto mit Sellerie und gefüllten kleinen Zwiebeln und Champagner-Eispraline mit Himbeeren. À la carte bietet die Küche u. a. eine köstliche Terrine von sautierten Jakobsmuscheln aus der Bretagne mit Kapern-Limonenjus und Tomaten-Fenchel-Püree sowie Kräutergrissini. Wunderbar

schmeckten das pochierte Zanderfilet mit Flusskrebsen
und Gurkensauce oder der Holsteiner Rehrücken mit
Pomerolsauce. Wer sich zwischen Käse und Süßem nicht
entscheiden kann, sollte beides wählen. Neben Desserts wie
Ananas-Ravioli mit Papaya-Mango-Sorbet ist auch der
Käse von Affineur Gerhard und Volker Waltmann ein
Genuss.

Der Service agiert perfekt und höchst charmant und ist
nicht umsonst schon mehrfach ausgezeichnet worden.
Hendrik Thomas' Weinempfehlungen kann man getrost
vertrauen: Sie erweisen sich immer als perfekte Begleiter
zum Essen, die Weinkarte ist wohl derzeit die beste der
Stadt.

Jena Paradies
Klosterwall 23
20095 Hamburg/Innenstadt
Tel. 040/32 70 08
Fax 040/32 75 98

Besitzer/Inhaber
René Butefisch
Küchenchef
René Butefisch
Öffnungszeiten
täglich 11–2 Uhr
Küche ca. 12–14.30
Uhr u. 19–23 Uhr
(variabel)
Reservierung
erwünscht
Kreditkarten
EC-Karte
Spezialität des Hauses
provenzalische Fisch-
suppe mit Croûtons
und Rouille
Mittagstisch
ab € 7,–
Kinderkarte
nein
Hauptgerichte
ab € 14,–
Menüs
von € 24,– bis € 31,–
Anzahl der Plätze
100

Der hohe Raum mit den großen Lichtkörpern, der Anfang der Neunziger als Trend-Design galt, hat bis heute nichts von seiner Beliebtheit eingebüßt. Angestellten aus der Innenstadt-Nachbarschaft bietet das Jena Paradies mittags eine Alternative zur Firmenkantine. Abends ist es noch immer ein szeniger Treffpunkt für Künstler und Kulturschaffende.

Die Küche, die ein Mix ist aus bistro-französisch, neoösterreichisch und deutsch-regional und früher als hip galt, ist mittlerweile in dieser Form in vielen Lokalen zu finden. Immerhin ist das Preis-Leistungs-Verhältnis nach wie vor meistens ein Lob wert. Die Karte bietet Gerichte wie Deichlamm mit Semmelknödel ebenso wie provenzalische Fischsuppe mit Rouille oder Coq au Vin mit Gemüse. Gut waren die Geflügellebercreme mit Salat von Birnen, Bohnen und Speck und das Lachsfilet, auf der Haut gebraten, mit Rotweinrisotto und Shiitake-Pilzen. Täglich werden wechselnde Plats du jour angeboten.

Auf der Weinkarte stehen rund 60 verschiedene Positionen, bei den offenen nach den Tagesempfehlungen fragen.

Schönes Ambiente, Bistro

Kleines Jacob

**im Hotel Louis C. Jacob
Elbchaussee 404
22609 Hamburg/Nienstedten
Tel. 040/822 55 510
Fax 040/822 55 444
www.hotel-jacob.de**

Besitzer/Inhaber
Arkona AG
Küchenchef
Andreas Marquardt
Öffnungszeiten
**Mo, Mi–So 18–24 Uhr
So 12–14.30 Uhr u.
18–21.30 Uhr**
Ruhetag
Di
Reservierung
empfehlenswert
Betriebsferien
**die ersten beiden
Januarwochen
sowie zwei Wochen im
Juli/August**
Kreditkarten
**EC-Karte, Amex,
Diners, Eurocard,
Visa, JCB**
Spezialität des Hauses
**Pizzabrot und Elsäs-
ser Flammkuchen**
Kinderkarte
ja
Hauptgerichte
ab € 10,90
Anzahl der Plätze
**80 im Restaurant
30 im Biergarten**

Auch ein neuer Küchenchef erfindet das Restaurant Klei-nes Jacob nicht neu: In einer beliebten Institution wie der Weinwirtschaft des Hotels Louis C. Jacob gibt es keine Revolutionen, und das ist gut so. Seit dem Sommer 2003 leitet Andreas Marquardt, der zuvor Sous Chef im Kem-pinski Hotel Atlantic war, den Gegenpol zum feinen Jacobs Restaurant.

Er behält das Küchenkonzept in der ehemaligen Kutscher-gaststätte bei, das auf Klassiker aus dem Steinofen wie zum Beispiel Elsässer Flammkuchen setzt. Daneben ver-leiht der Neue der Küche seine eigene Note. Sein Angebot reicht von kleinen Leckereien wie Pesto-Kartoffelsalat mit Felsengarnelen über Fleischgerichte wie Coq au Vin bis hin zu Tunfischfilet mit Oliventapenade.

Marquardt kann sich im Kleinen Jacob austoben: Eine komplett neue Showküche mit frei stehender Herdkon-struktion wurde installiert und schreit geradezu nach der Durchführung der allseits beliebten Kochkurse unter der Leitung von Thomas Martin.

Das Preis-Leistungs-Verhältnis in der Weinwirtschaft stimmt, hier lassen sich in zwangloser Atmosphäre kleine Köstlichkeiten bei einem guten Glas Wein genießen.

Die Weinkarte ist mit Augenmaß zusammengestellt und enthält die ganze Palette von guten Tischweinen bis hin zu hervorragenden Tropfen.

Bistro

Kleinhuis

im Hotel Baseler Hof
Fehlandtstraße 26
20354 Hamburg/Innenstadt
Tel. 040/35 33 99
Fax 040/34 37 77
www.weinrestaurant-kleinhuis.de

Noch immer gibt es nicht viele Weinbars in der Stadt, in denen man auch passabel essen kann. Gut, dass Anna Maria und Just Kleinhuis das nach ihnen benannte Weinrestaurant in ihrem Hotel Baseler Hof etabliert haben. Das Kleinhuis hat rund 100 Plätze, mehr als 200 Weine und eine Küche mit Anspruch.

Die monatlich wechselnde Karte offeriert eine leichte und innovative deutsche Küche mit mediterranen und asiatischen Einschlägen. Sie bietet Regionales wie Angeldorsch mit Estragon-Senfsauce auf jungem Blattspinat, Mediterranes, z. B. Lammrücken mit schwarzer Olivenkruste auf Artischocken-Tomatengemüse oder Exotisches wie Zanderfilet auf Pak Choi mit Kokos-Ingwer-Sauce und Sesamreis. Gut waren auch der Rohmilchkäse vom Tölzer Kasladen und der toskanische Vesperteller mit Salami, Käse, Olivenöl, Ciabatta und einem Glas Rosso di Montalcino.

Die Weinauswahl mit rund 40 offenen Weinen ist lobenswert. Bei den Flaschen, die mit etwa 200 Sorten auf der Weinkarte angeboten werden, findet sich noch manches Highlight aus älteren Jahrgängen. Regelmäßig finden Weinabende statt.

Besitzer/Inhaber
Just Kleinhuis
Küchenchef
Jens Witzel
Öffnungszeiten
täglich 12–24 Uhr
Reservierung
erwünscht
Kreditkarten
EC-Karte, Amex, Diners, Eurocard, Visa, JCB
Mittagstisch
ab € 5,50
Kinderkarte
nein
Hauptgerichte
ab € 13,–
Menüs
von € 32,50 bis € 38,–
Anzahl der Plätze
100
Besonderheiten
große Weinauswahl, ca. 40 Weine im offenen Ausschank

Feinschmecker-Küche

La Fayette

Zimmerstraße 30
22085 Hamburg/Uhlenhorst
Tel. 040/22 56 30
Fax 040/22 56 30

Besitzer/Inhaber
Richard Röhrich
Küchenchef
Nathalie Grube
Öffnungszeiten
Mo–Sa ab 18 Uhr
Reservierung
erwünscht
Kreditkarten
EC-Karte, Amex
Spezialität des Hauses
Fisch und Meeres-
früchte
Kinderkarte
nein
Hauptgerichte
ab € 18,–
Menüs
von € 28,– bis € 38,–
Anzahl der Plätze
40 im Restaurant
20 auf der Terrasse

Die junge Küchenchefin Nathalie Grube ist ein Glücksfall für die Küche des La Fayette. Seit mehr als zwanzig Jahren schwört die Fangemeinde auf das kleine Ecklokal von Richard Röhrich in Uhlenhorst, das längst zur Tradition geworden ist.

Nathalie Grubes Küche ist leicht und mediterran, modern und zeitgemäß, mal mit regionalen, mal mit provenzalischen Akzenten. Das Programm reicht von Kartoffel-Gurkensalat mit gebackenen Maischollenfilets bis zur Baked Potatoe mit Hummerragout und Trüffelsauce, von den getrüffelten Poulardenravioli auf Rucolakompott bis zum zart geschmorten Zicklein mit Ratatouille-Risotto. Menüs können zum Beispiel so aussehen: Lachstatar mit grünem Meerrettich und Gurkencarpaccio, Ochsenschwanzravioli auf Rahmkohlrabi und Sylter Deichlammrücken mit Ratatouille und Rosmarinkartoffeln. Das Dessertangebot orientiert sich an beliebten Klassikern wie Crème brûlée oder Erdbeer-Rhabarbergratin mit Eis.

Die Weine kommen vorwiegend aus Frankreich, Italien und Deutschland, sind gute Mittelklasse und moderat kalkuliert. Auch im offenen Ausschank gibt es ordentliche Tropfen.

Bistro

Lambert

Osdorfer Landstraße 239
22549 Hamburg/Alt-Osdorf
Tel. 040/80 77 91 66
Fax 040/80 77 91 64
www.lambert-hamburg.de

Besitzer/Inhaber
Matthias Graf Lambs-
dorff
Küchenchef
Arnaud Dunoyer
Öffnungszeiten
Di–So 18–24 Uhr
Ruhetag
Mo
Reservierung
erwünscht
Kreditkarten
EC-Karte, Amex,
Eurocard, Visa
Kinderkarte
ja
Hauptgerichte
ab € 10,–
Menüs
von € 20,– bis € 40,–
Anzahl der Plätze
120 im Restaurant
150 im Garten
Besonderheiten
Kochkurse für
Erwachsene und Kin-
der, Weinseminare

Man geht mit dem Zeitgeist in Alt-Osdorf, und der verlangt derzeit nach asiatischen Genüssen. Inhaber Matthias Graf Lambsdorff hat deshalb nicht lange gezögert und im ehemaligen Heuboden des alten Wackerhofs jetzt zusammen mit der Sushi-Factory eine Sushi-Bar eingerichtet. Die bietet gute Qualität und wird deshalb gerne besucht. Diese japanischen Köstlichkeiten können auch mitgenommen oder angeliefert werden.

Die Küche im Lambert offeriert ansonsten vorwiegend Bistro-Gerichte, die saisonorientiert sind und einen mediterranen Einschlag aufweisen. So kommen zum Beispiel nach wie vor elsässische Flammekueche auf den Tisch – groß und mit hauchdünnem, knusprigem Teig und köstlichen Belägen. Von der Karte gefielen der Salat mit Entenleber, auf den Punkt in Sesam gebraten, oder das Schwertfischsteak auf Paprika-Piperade mit Rosmarinkartoffeln und rotem Pesto. Zum Nachtisch schmeckte eine Aprikosenmousse mit Cointreau-Marzipan. Im Sommer sitzt man im Garten wunderschön.

Das große Plus, mit dem das Lambert aufwarten kann, ist die Möglichkeit, sich aus dem umfangreichen Weinangebot von der im Haus befindlichen Dependance von Jacques' Wein-Depot eine Flasche auszusuchen und diese im Restaurant (plus Korkgeld) zu genießen.

Feinschmecker-Küche

La Mer

im Hotel Prem
An der Alster 9
20099 Hamburg/St. Georg
Tel. 040/24 83 40 40
Fax 040/280 38 51
www.hotel-prem.de

Besitzer/Inhaber
Ulrich Voit
Küchenchef
Jochen Kempf
Öffnungszeiten
Di–Fr 12–14 Uhr
Di–Sa 18–23 Uhr
Ruhetag
So u. Mo
Reservierung
erwünscht
Kreditkarten
EC-Karte, Amex,
Diners, Eurocard, Visa
Spezialität des Hauses
Salat vom Hummer
mit Bohnen, Avocado,
Haselnussvinaigrette
und Panchetta
Mittagstisch
ab € 13,50
Kinderkarte
nein
Hauptgerichte
ab € 25,–
Menüs
von € 60,– bis € 80,–
Anzahl der Plätze
60 im Restaurant
60 im Garten

Die gehobene französische und mediterran akzentuierte Küche von Jochen Kempf passt wunderbar zu dem lichten Ambiente und dem strahlend weißen Interieur des Restaurants La Mer im Hotel Prem. Und wenn das Wetter es zulässt, wird im Garten serviert. Dort sitzt man unweit der Außenalster zwar in der Nähe einer belebten Straße, fühlt sich aber wie in der Natur, weil eine imposante Auswahl an Grünpflanzen den Lärm des regen Treibens fern hält.

Die Karte setzt ihren Schwerpunkt auf Meeresgetier und bietet zum Beispiel feine lauwarme Hummermedaillons mit Fenchelsalat, Tomaten, Orangen und Basilikum, St. Pierre-Filet im Nudelblatt mit Safransauce oder Steinbuttfilet auf Petersilienpüree mit Gänseleber. Sauté von der Wachtel auf Steinpilzcreme mit Steinpilzravioli gefiel ebenso wie zum Dessert der köstliche, aber nicht gerade leichte Valrhona-Schokoladenflan mit aromatischen Erdbeeren und Krokanteis.

Die Weinkarte umfasst insgesamt 420 Positionen mit Schwerpunkten auf deutschen, italienischen und französischen Gewächsen. Es werden u. a. 25 Weine in halben Flaschen und 10 offene Weine angeboten.

Kurz vor Drucklegung erreichte uns die Information, dass das Restaurant zum 31. 10. 2003 und das Hotel zum Ende des Jahres 2003 geschlossen werden.

Französisch, Bistro

La Mirabelle

Bundesstraße 15
20146 Hamburg/Rotherbaum
Tel. 040/410 75 85
Fax 040/410 75 85

Besitzer/Inhaber
Pierre Moissonnier
Küchenchef
Pierre Moissonnier,
Oliver Behr
Öffnungszeiten
Mo–Sa 18–23 Uhr
Ruhetag
So
Reservierung
erwünscht
Kreditkarten
EC-Karte, Amex,
Eurocard, Visa
Kinderkarte
nein
Hauptgerichte
ab € 17,–
Menüs
€ 32,–
Anzahl der Plätze
40

Nicht nur Stammgäste schwören auf das gemütliche urfranzösische Bistro an der Bundesstraße, das seit Jahren ein Garant für eine schnörkellose Küche ist.
Französische Landküche heißt das Programm, das reelle Gerichte in großen Portionen und mit kräftiger Würzung erwarten lässt. Diese Erwartungen werden anstandslos erfüllt, aber die Ausführung ist oft ambitionierter und raffinierter als in anderen Hamburger Bistros, das macht das La Mirabelle besonders. Zu den Vorspeisen à la carte gehören eine hausgemachte Gänseleberterrine oder die Soupe au pistou, Gemüsesuppe mit Basilikum. Auch die Hauptgerichte sind gut, zum Beispiel auf den Punkt gebratener Seeteufel auf Artischocken und Oliven, ein Rotzungenfilet mit grünem Spargel und Selleriesauce oder Spanferkelrücken auf Steckrüben mit Zuckerrübensauce.
Wie bei den Gerichten stimmt auch bei den Getränken das Preis-Leistungs-Verhältnis. Die Weinkarte ist gut sortiert. Ganz besonders zu empfehlen sind jene Weine von der Loire, der Champagne, aus dem Burgund, Südfrankreich und dem Elsass, die Pierre Moissonnier direkt beim Erzeuger kauft.

[handschriftliche Notiz:] kein Soufflé auf der Karte, muss als Extra m. Küchen Chef bespr. werden

International

Landhaus Dill

Elbchaussee 94
22763 Hamburg/Ottensen
Tel. 040/390 50 77
Fax 040/390 09 75
www.landhausdill.com

Mit seinem Landhaus Dill gehört Volkmar Preis zu den Traditionslokalitäten der Hansestadt. Bei schönem Wetter lockt es Freunde des Hauses in den schönen Garten, der im Sommer eine kleine verwunschene Oase ist.

Der Küchenchef Martin Murrar kocht stets nach Saison und sehr abwechslungsreich. Die Karte, die regelmäßig wechselt, präsentiert sich international mit einigen mediterranen Einflüssen. Sie bietet sowohl krossen Zander mit Linsen-Kartoffelgemüse und Balsamicosauce oder hausgemachte Ravioli mit Hummer gefüllt. Bei den Hauptgerichten gibt es zum Beispiel den Hamburger Klassiker Schellfisch mit Senfkornsauce oder den österreichischen Tafelspitz mit grüner Sauce, Bouillonkartoffeln und Apfelkren. Auch die beliebte Vierländer Ente steht wieder auf der Karte, Lammkoteletts oder das Rinderfilet sind Spezialitäten der Dill-Küche. Desserts wie Topfennockerl mit Zwetschgenröster und Karamelleis locken, wir entschieden uns für die köstlichen Sorbetvariationen auf marinierten Beeren.

Besitzer/Inhaber
Volkmar Preis
Küchenchef
Martin Murrar
Öffnungszeiten
Di–Sa 12–15 Uhr und
17.30–22.30 Uhr
So 12–22.30 Uhr
Ruhetag
Mo außer feiertags
Reservierung
erwünscht
Kreditkarten
EC-Karte, Amex,
Diners, Eurocard, Visa
Mittagstisch
€ 7,50
Kinderkarte
einzelne Kinder-
gerichte
Hauptgerichte
ab € 11,50
Menüs
von € 22,– bis
€ 27,50
Anzahl der Plätze
60 im Restaurant
40 auf der Terrasse

Landhaus Flottbek

Baron-Voght-Straße 179
22607 Hamburg/Groß Flottbek
Tel. 040/8 22 74 10
Fax 040/82 27 41 51
www.Landhaus-Flottbek.de

Besitzer/Inhaber
Nils Jacobsen
Küchenchef
Thomas Steinecke,
Jan Hamann
Öffnungszeiten
Mo–Fr 18–22.30 Uhr
(Restaurant)
Mo–Fr 12.30–14 Uhr,
Fr 18–22.30 Uhr, Sa
u. So 12–22.30 Uhr
(Bistro)
Ruhetag
Sa und So (Restau-
rant)
Reservierung
erwünscht
Kreditkarten
EC-Karte, Amex,
Diners, Eurocard, Visa
Spezialität des Hauses
Tischlein-Deck-Dich:
ein Streifzug durch
die regionale Land-
hausküche ab 8 Pers.
Hauptgerichte
ab € 13,–
Menüs
von € 36,– bis € 51,–
Anzahl der Plätze
70 im Restaurant
30 auf der Terrasse

Mit leichter Landhausküche haben sich Thomas Steinecke und Jan Hamann, das neue Duo im Landhaus Flottbek, erfolgreich eine wachsende Fangemeinde erkocht. Im stimmungsvollen Ambiente präsentiert sich ihre Küche aromatisch und bodenständig, aber nicht ohne Fantasie und vor allem mit einem sehr guten Preis-Leistungs-Verhältnis. Lobenswert: Viele Gerichte sind in einer Vorspeisen- und einer Hauptgang-Version zu haben.

So lockt die wechselnde Karte stets mit zwei Suppen wie z. B. pikant tomatisierter Pfahlmuschelsuppe und vier Vorspeisen, die je nach Jahreszeit variieren. Solide waren die dünnen Tagliatelle mit Scampi und Pesto, gut und reichlich auch die Ricottaravioli in Salbeibutter mit Parmesan. Zwischen den drei Fisch- und drei Fleisch-Hauptgerichten wie Maispoulardenbrust in Mangold und Parmaschinken gebraten auf Weißweinrisotto fiel die Wahl schon schwerer. Die Empfehlung des lobenswert freundlichen und unkomplizierten Service war köstlich: Der Zander mit Zucchini, Tomate und Gnocchi war kross und ausgesprochen schmackhaft. Auch das Rinderfilet auf getrüffelten Schwarzwurzeln und Kartoffelpüree war aromatisch und butterzart. Die Desserts präsentieren sich ebenfalls kräftig, weder das Grießflammerie auf Fliederbeer-Apfelgrütze noch der Topfenpalatschinken auf Sauerkirschkompott enttäuschten. Insgesamt bietet die Karte regionale Genüsse und orientiert sich an dem saisonalen Angebot.

Im Sommer sitzt man herrlich auf der Terrasse im wunderschönen Bauerngarten mit altem Baumbestand. Die Weinkarte ist gut sortiert mit einem Schwerpunkt auf deutschen, französischen und italienischen Tropfen.

Landhaus Scherrer

Elbchaussee 130
22763 Hamburg/Othmarschen
Tel. 040/880 13 25
Fax 040/880 62 60
www.landhausscherrer.de

Besitzer/Inhaber
Emmi Scherrer, Heinz
Wehmann
Küchenchef
Heinz Wehmann
Öffnungszeiten
Mo–Sa 12–15 Uhr u.
18.30–22.30 Uhr
Ruhetag
So
Reservierung
erwünscht
Kreditkarten
EC-Karte, Amex,
Diners, Eurocard, Visa
Spezialität des Hause
Steinbutt an der Gräte
gebraten auf Land-
haus Art
Mittagstisch
Business Lunch à
drei Gängen € 27,50
Kinderkarte
Kindergerichte
erhältlich
Hauptgerichte
ab € 24,–
Menüs
von € 74,– bis
€ 104,–

Eine Institution im Westen und ein fester Bestandteil in der Riege der Gourmet-Restaurants der Hansestadt ist zweifellos die Residenz von Heinz Wehmann. Mit seinem Landhaus Scherrer gehört er nach wie vor zu den Top-Adressen, die nicht wegzudenken sind aus dem kulinarischen Angebot in Hamburg.

Heinz Wehmann ist berühmt geworden für seine perfekte Steigerung der traditionellen Küche und damit mehrfach ausgezeichnet. Aber auch dekorierte Küchenmeister müssen sich weiterentwickeln, deshalb gibt es neben dem Bistro noch das Ö 1, einen unkonventionellen kulinarischen Treffpunkt für den schnellen Genuss an der Elbchaussee.

Manches auf der Karte ist längst selbst zum Klassiker geworden, und es soll Hanseaten geben, die nur wegen der exzellenten, im Ganzen kross gebratenen Vierländer Ente mit Bergpfeffersauce im Landhaus Scherrer reservieren. Oder wegen des Steinbutts mit Wasabi-Meerrettich. Diese Verfeinerungen der regionalen Küche sind Wehmanns Markenzeichen, ebenso wie seine pikanten asiatischen Würzakzente, die er einigen seiner Gerichte schon gab, als das noch lange nicht Mode geworden war.

Zu den Markenzeichen des Hauses gehören die dem Jugendstil nachempfundenen erotischen Illustrationen, die auch Platzteller und Karte im großzügigen Belle-Epoque-Salon zieren.

Wer einen Querschnitt aus Wehmanns Küche erleben will, ist mit dem Tagesmenü gut bedient. À la carte lockt er mit Vorspeisen wie Bonito-Carpaccio in einer Räucherfischmarinade oder einem Klassiker wie Kartoffelpuffer mit Lachstatar. Von den Zwischengerichten ist der geschmorte Kalbskopf auf Frühlingslauch mit Balsamicojus zu empfehlen. Bei den Hauptgerichten gibt es Köstlichkeiten wie gepökelten Tafelspitz mit einer Spargelvinaigrette, gebratene Kalbsleberscheiben mit Rhabarber in Cassis und Kartoffelpüree oder, für Fischfans, Steinbuttfilet in der Briochekruste auf Spargelnudeln mit Bärlauchsauce.

Auch bei den Desserts bleibt Heinz Wehmann seiner Linie treu und verfeinert Regionales: Quarkknödel aus der Wilster Marsch zum Beispiel.

Der Service ist kompetent und freundlich und entspricht dem Ruf des Hauses. Die Weinkarte umfasst 640 Positionen mit Schwerpunkt Deutschland und Frankreich. Sie steht auch den Bistro-Gästen zur Verfügung.

Anzahl der Plätze
30–65
Besonderheiten
Kochkurse und Weinseminare, großer begehbarer Weinkeller

Feinschmecker-Tipp, italienisch

La Scala

Falkenried 54
20251 Hamburg/Eppendorf
Tel. 040/420 62 95
Fax 040/420 91 31 04

Besitzer/Inhaber
Mario Zini
Küchenchef
Mario Zini
Öffnungszeiten
Di–So 19–23 Uhr
Ruhetag
Mo
Reservierung
erwünscht
Kreditkarten
EC-Karte
Spezialität des Hauses
Risotto und Fisch
Kinderkarte
nein
Hauptgerichte
ab € 14,–
Menüs
von € 35,– bis € 45,–
Anzahl der Plätze
44 im Restaurant
30 auf der Terrasse

Mario Zinis Menüzusammenstellungen kann man blind vertrauen. Die Speisekarte ist eigentlich ohnehin nur etwas für Neulinge, Stammgäste lassen sich lieber vom Chef persönlich das Beste aus der Küche empfehlen.

Und das lohnt sich immer: Mario Zini hat ein Händchen für Fisch und Meeresfrüchte, garantiert aber auch zur dunklen Jahreszeit für deftigere Genüsse. Auf Zinis köstliches Risotto muss niemand verzichten: Das gibt es immer, auch wenn es nicht explizit auf der Tageskarte steht – nachfragen!

Ein Klassiker mittlerweile ist das Pescaccio, ein Carpaccio vom Fisch, mit rohen, etwas dicker geschnittenen und kräftig-pikant marinierten Scheiben vom Tunfisch. Danach begeisterten kross gebackener Tintenfisch aus der Pfanne mit einem scharfen Sugo und hausgemachte Pasta mit frischen Venusmuscheln. Auch gut: gebratene Wachtel auf marinierten Karotten. Wunderbar ein auf den Punkt gegartes Steinbuttfilet mit geschmorten Palbohnen. Die Desserts sind ebenfalls oft Klassiker wie Panna cotta, Mascarponecreme mit frischen Früchten oder ein Obstsalat – alle immer von erster Qualität.

Der Service ist wie stets herzlich und freundlich. Die Weinauswahl, die Mario Zini ebenfalls selbst empfiehlt, umfasst mehr als 150 Weine von renommierten italienischen Winzern. Aber auch interessante Neuentdeckungen sind darunter.

Italienisch

La Tana

Milchstraße 26
20148 Hamburg/Rotherbaum
Tel. 040/44 43 85

Manche werden ihn noch aus dem Da Carlo kennen: Carlo Spilimbergo hat mit dem La Tana in der Milchstraße einen neuen Treffpunkt für die Liebhaber der feinen italienischen Küche geschaffen. Klein ist die „Höhle", die von Carlo gemeinsam mit dem Koch Guiseppe Siragusa geführt wird. Stammgäste, die sich schnell gefunden haben, loben neben dem Essen auch die Atmosphäre in dem Raum mit roten Wänden und angenehmer Beleuchtung, in dessen Zentrum die Bar der Hingucker ist. Kulinarisch überzeugt das La Tana durch die Qualität der klassischen italienischen Küche, zum Beispiel mit Vorspeisen wie Vitello tonnato oder gebratenen Scampi mit Speck auf Wirsing, die eine köstliche Kombination der Aromen boten. Ergänzt wird die Karte, die monatlich verändert wird, von Tagesangeboten wie frischem Fisch oder einer weiteren Vorspeise wie ebenfalls hervorragenden Calamari auf Linsen. Das Salatangebot zollt der Pöseldorfer Vorliebe nach Rucola mit Parmesan Respekt, und unter den drei Pasta-Gerichten sind Variationen für jeden Geschmack wie Spaghettini mit Paprika, Anchovis, Pinienkernen und Rosinen oder Papardelle mit Hirsch-Ragout. Bei den Hauptgerichten kann wohl niemand hinterher behaupten, nicht satt geworden zu sein, ausgesprochen üppig sind die Portionen bemessen. Gut war die Entenbrust mit Weintrauben und Calvados-Sauce, butterzart, geschmacklich harmonisch und aromenreich auch das Rinderfilet in Blätterteig auf Rucola-Pesto-Sauce. Klassisch die Desserts wie Tiramisu oder Panna cotta.

Besitzer/Inhaber
Carlo Spilimbergo,
Giuseppe Siragusa
Küchenchef
Guiseppe Siragusa
Öffnungszeiten
Mo–So 18–23.30 Uhr.
Ruhetag
So
Betriebsferien
2 Wochen im Oktober
Reservierung
empfohlen
Kreditkarten
EC-Karte, Eurocard,
Visa
Hauptgerichte
ab € 15,–
Menüs
ab € 29,–
Plätze
35

L'Auberge française

Rutschbahn 34
20146 Hamburg/Rotherbaum
Tel. 040/410 25 32
Fax 040/410 50 15
www.auberge.de

Besitzer/Inhaber
Jean-Yves Mabileau,
Pierre Hervet
Küchenchef
Pierre Hervet
Öffnungszeiten
Mo–Fr 12–14 Uhr
Mo–Sa 18.30–22.30
Uhr
So ab 18.30 Uhr
(Oktober–April)
Ruhetag
So (Mai bis September)
Reservierung
erwünscht
Betriebsferien
23.12. bis 30.12.
Kreditkarten
EC-Karte, Amex,
Diners, Eurocard, Visa
Mittagstisch
ab € 13,–
Kinderkarte
ja
Hauptgerichte
ab € 18,–
Menüs
von € 27,50 bis
€ 60,–
Anzahl der Plätze
45 im Restaurant
15 auf der Terrasse

30 Jahre ist es her, dass das Restaurant L'Auberge française als Schulungszentrum für hanseatische Gaumen in französischer Gourmandise gegründet wurde. Heute ist es vielleicht eine der letzten erhaltenen Herbergen der traditionellen Cuisine française an der Elbe.

Seit der Küchenchef Pierre Hervet und der Restaurantleiter Jean-Yves Mabileau das Restaurant führen, sind die Farben heller und freundlicher geworden. Für frankophile Hamburger ist das 45 Plätze umfassende Eckrestaurant, das in klassischer französischer Manier arbeitet, noch immer ein Wallfahrtsort. Das hängt vor allem mit der Karte zusammen, die zum Beispiel Hummer in der Brunnenkressetasche mit Pfifferlingen und Gemüsestreifen offeriert oder als Zwischengericht etwa Ziegenkäselasagne mit Pfifferlingen. Als Hauptgerichte kommen Leckereien wie Bressetaube mit Knoblauchconfit oder Schellfisch gebraten in Salbeicreme auf den Tisch. Bei den Desserts lockt zum Beispiel helles Nougateis auf Kirschmark.

Der Service ist kompetent und freundlich. Die Weinkarte umfasst rund 140 gute bis sehr gute Flaschen mit Schwerpunkt Bordeaux.

La Vela

Große Elbstraße 27
22767 Hamburg/Altona
Tel 040/38 69 93 93
Fax 040/38 08 67 88
www.la-vela.de

Mit dem La Vela ist nun auch die italienische Küche zwischen Fischmarkt und Museumshafen präsent. Der Küchenchef Roberto Monesi ist den Hamburgern kein Unbekannter: Er kochte zuvor auch im Il Sole Originalgerichte aus seiner Heimat, der Lombardei. In dem im geschmackvollen Industriedesign gestalteten Restaurant bietet der Küchenchef bis zu 120 Gästen einen Querschnitt der lombardischen Küche. An schönen Tagen lockt zudem die Terrasse des Stadtlagerhauses direkt am Wasser.
Zum frischen Brot reichte der Service Olivenöl und Tunfischcreme. Monesi verzichtet fast vollständig auf Butter oder Sahne und verwendet nahezu ausschließlich Olivenöl. Das macht die Speisen leicht und mediterran, wie die kleine „Caponatina"-Torte aus verschiedenen Gemüsen auf rotem Zwiebelfondue mit gebratenen Jakobsmuscheln mühelos bewies. Zur Wahl stehen anschließend jeweils vier Fleisch- und Fischgerichte. Das Involtino von Tunfisch und Hummerkrabben auf Auberginencreme und Hummersauce war schmackhaft, butterzart der gefüllte Kaninchenrücken auf getrüffeltem Sellerie-Ragout mit ligurischen Oliven.
Die Desserts präsentierten sich internationaler: Savoiardi auf Basilico-Mascarpone-Creme mit zweierlei Schokoladen-Mousse und in Balsamico marinierten Erdbeeren sind verführerisch, frisch ist auch das Ananasparfait auf Baby-Ananas-Carpaccio und Kokos-Sauce.
Im hinteren Bereich lockt die Weinbar mit guten italienischen Weinen.

Besitzer/Inhaber
Claudio Spinsanti
Küchenchef
Roberto Monesi
Öffnungszeiten
täglich ab 12 Uhr
Kreditkarten
EC-Karte, Amex,
Eurocard, Visa
Mittagstisch
ab € 18,–
Hauptgerichte
ab € 17,50
Menüs
von € 18,– bis € 70,–
Kinderkarte
nein
Anzahl der Plätze
140 im Restaurant
120 auf der Terrasse

Gourmet-Tipp, schönes Ambiente, Aussicht

Le Canard

Elbchaussee 139
22763 Hamburg/Othmarschen
Tel. 040/88 05 057
Fax 040/88 91 32 59
www.viehhauser.de

Besitzer/Inhaber
Josef Viehhauser
Küchenchef
Josef Viehhauser
Öffnungszeiten
Mo–Sa ab 12 Uhr u.
abends ab 19 Uhr
Ruhetag
So
Kreditkarten
EC-Karte, Amex,
Diners, Eurocard, Visa
Spezialität des Hauses
Seesaibling mit
weißem Bohnenpüree
und Ingwersauce
Mittagstisch
€ 12,– pro Gang
Kinderkarte
auf Wunsch
Hauptgerichte
ab € 26,–
Menüs
von € 49,50 bis
€ 98,–
Anzahl der Plätze
70 im Restaurant
50 auf der Terrasse
Besonderheiten
Kochkurse und Wein-
seminare

Turbulente Zeiten hat Gourmet-Urgestein Josef Viehhauser hinter sich. Sein Bistro Josef Viehhauser im Dorint Hotel hat er geschlossen. Von den Folgen dieser Maßnahme profitieren nun die Gäste seines Stammhauses Le Canard: Der Österreicher konzentriert sich jetzt auf die Top-Adresse an der Elbchaussee und regiert künftig dort sein Küchenreich. Das honorieren die Gäste, die nicht nur wegen der Aussicht kommen, die das verglaste Halbrund des Le Canard auf den Hamburger Hafen bietet. Im Sommer bittet die Terrasse zum Genuss unter Bäumen und Sonnenschirmen.

Der Patron hat sich Kritik zu Herzen genommen und will mit einer ordentlichen Preis-Leistungs-Strategie jetzt auch neues, jüngeres Publikum gewinnen. Jeden Monat gibt es deshalb ein neues Menü mit vier Gängen und den korrespondierenden Weinen für 49,50 Euro. Diese Aktion, eigentlich nur für eine begrenzte Zeit geplant, kam so gut an, dass Viehhauser sie nun auf unbestimmte Zeit fortführen will. Die Gerichte hier sind nicht weniger schmackhaft, aber in der Ausführung nicht ganz so aufwändig wie seine Klassiker der Gourmet-Küche.

Die lockt auch weiterhin mit Variationen wie geschmorter Kalbsbacke mit Stopfleber und Selleriepüree oder Wachtelvariation mit grünem Spargel. Vegetarier kommen zum Beispiel bei Sellerietaschen mit Rahmpfifferlingen auf ihre Kosten.

Viehhauser, einst der letzte Minimalist in der Nouvelle-
Cuisine-Tradition, setzt heute auf kräftige und eindeutige
Aromen in einer leichten Küche mit mediterranen Akzenten. Das wird beim Zweierlei vom Reh deutlich, aber auch
beim Seeteufel mit Artischocken. Im Fisch-Menü folgen
gleich drei aromenreiche Gänge aufeinander, die sich
trotzdem zu einer Harmonie fügen: sautierter Hummer
auf Tomaten-Olivenconfit, gebratener Steinbutt mit
geschmorten Endivien und krosser Zander auf Bärlauch-
spinat. Ein Klassiker, der sich über die Jahre gehalten hat,
und an der Elbchaussee wohl mittlerweile zum Pflicht-
programm gehort, ist die krosse Vierländer Ente.
Bei den Desserts kombiniert Viehhauser Klassiker wie Rote-
Grütze-Torte mit weißem Schokoladeneis mit kreativeren
Variationen und nicht zuletzt auch mit Akzenten aus seiner Heimat.
Die Weinkarte ist nach wie vor hervorragend bestückt.

Aussicht, schönes Ambiente, international

Le Ciel Restaurant et Bar

An der Alster 52-56
20099 Hamburg/St. Georg
Tel. 040/21 00 10 70
Fax 040/21 00 11 11
www.leroyalmeridien-hamburg.com

Besitzer/Inhaber
Le Royal Méridien
Hamburg
Küchenchef
Bernard Quint
Öffnungszeiten
täglich 6.30 Uhr–
10.30 Uhr
(Frühstück)
12–14.30 Uhr und
18–22.30 Uhr
Kreditkarten
EC-Karte, Amex,
Diners, Eurocard, Visa
Mittagstisch
ab € 23,–
Hauptgerichte
ab € 19,50
Menüs
Business Lunch
€ 22,–, abends ab
€ 31,–
Anzahl der Plätze
90 im Restaurant

Die Aussicht ist einzigartig: Das Restaurant Le Ciel im neuen 5-Sterne-Hotel Le Royal Méridien liegt im achten und letzten Stock des Gebäudes und eröffnet seinen Gästen, die mit einem gläsernen Fahrstuhl gekommen sind, aus einer 28 Meter langen Glasfront einen atemberaubenden Blick auf die Alster. Und damit der auch noch an den Tischen in der zweiten Reihe beeindrucken kann, sind die auf ein Podest gestellt.

Das kulinarische Konzept mit Schwerpunkt Fisch und Meeresfrüchte hat der Pariser Sternekoch Michel Rostang entwickelt, und Bernard Quint soll es nun umsetzen. Und das liest sich auf der Karte so: Gegrillte Spieße von Miesmuscheln mit weißer Champignon-Vinaigrette und marinierten Pfifferlingen (würzig, aromatisch) oder Tatar von Loup de Mer und Dorade mit geräucherten Heringseiern. Täglich gibt es drei Suppen und drei vegetarische Zwischengerichte wie Risotto oder Gemüselasagne. Konsequent werden dann sechs Fisch- und drei Fleischgerichte angeboten, darunter im Ofen gebratenes Steinbuttfilet mit Kalbs-Rosmarinjus und Polenta, gratinierte Makkaroni mit Hummer oder Wildente mit frischen Feigen, Kürbis süß-sauer und Kartoffelpüree mit Olivenöl und Rucola. Sehr gut waren auch die Dessertvariationen auf einem speziell angefertigten Glasteller mit einzelnen Schälchen. Der Service ist zuvorkommend und freundlich.

Französisch, Bistro

Le Plat du Jour

Dornbusch 4
20095 Hamburg/Innenstadt
Tel. 040/32 14 14
Fax 040/410 58 57

Frankophile Hanseaten fühlen sich im Plat du Jour, als säßen sie in einer kleinen Nebenstraße unweit des Eiffelturmes, so perfekt bedient das Restaurant in Einrichtung und Ambiente die Erwartungen. Die Spiegel an den Wänden, dazwischen Fotos von Cathérine Deneuve und anderen Leinwandgrößen, die Schiefertafel mit den zwei, drei Tagesgerichten, die winzigen Tische mit dem frischen Baguette – alles erinnert an ein Pariser Bistro.

Aus der halboffenen Küche kommen neben modernisierten Bistrogerichten und rustikalen Klassikern auch altbekannte Standards wie die berühmte Fischsuppe. Insgesamt eine bodenständige und liebenswerte Auswahl. So gefiel die gute hausgemachte Pastete mit Salat und würziger Lyoner Wurst. Auch ordentlich: Lamm-Medaillons mit Kräuter-Senfkruste und provenzalischem Gemüse. Deftig war die gebratene französische Blutwurst mit Apfelkompott und Kartoffelpüree, mächtig, aber original die Mousse au chocolat mit Vanillesauce. Die Standardspeisekarte wird täglich durch wechselnde Empfehlungen von zwei bis drei Vorspeisen und einem Hauptgericht ergänzt.

Der Service ist so aufmerksam und freundlich wie bei den Vorbildern an der Seine.

Besitzer/Inhaber
Jacques Lemercier
Küchenchef
Jean Marc Beshet
Öffnungszeiten
Mo–Sa 12–22.30 Uhr
Ruhetag
So
(Juli/August Sa u. So)
Reservierung
erwünscht
Betriebsferien
Weihnachten bis erste
Januarwoche
Kreditkarten
EC-Karte, Amex,
Diners, Eurocard, Visa
Spezialität des Hauses
Linsen auf Lachstatar
Kinderkarte
nein
Hauptgerichte
von € 10,– bis
€ 16,10
Menüs
€ 25,50 (3 Gänge)
Anzahl der Plätze
60 im Restaurant
15 auf der Terrasse

Italienisch

L'Europeo

Osdorfer Weg 27
22607 Hamburg/Groß-Flottbek
Tel. 040/899 21 38

Besitzer/Inhaber
Antonio Cotugno
Küchenchef
Strato Cotugno
Öffnungszeiten
Sa u. So 12.30–15 Uhr
täglich außer Mi 18–
23 Uhr
Ruhetag
Mi
Reservierung
erwünscht
Kreditkarten
Diners
Spezialität des Hauses
fangfrischer Fisch,
keine Zuchtware
Kinderkarte
nach Wunsch
Hauptgerichte
ab € 17,–
Anzahl der Plätze
55
Besonderheiten
Die Gerichte werden
mit dem Koch abge-
sprochen, fast jeder
Wunsch wird erfüllt.

Fast schon eine eingeschworene Gemeinde sind die Stammgäste in dem Backsteinhaus an dem viel befahrenen Autobahnzubringer Osdorfer Weg. Sie fühlen sich wohl in dem Restaurant mit 55 eng gestellten Sitzplätzen, Weinregalen und zahllosen Erinnerungsstücken: Da hat keine Designerhand für Ordnung gesorgt. Dafür ist das Ambiente gemütlich und der Service aufmerksam und freundlich.

Nach verschiedenen Sorten Oliven und knusprigem Brot empfiehlt Patrone Toni seine Tagesgerichte so schnell, dass man kaum folgen kann. Was er aufzählt, klingt verlockend. Die Pilzpfanne mit weißen Bohnen und Scampi zum Beispiel war lecker abgeschmeckt. Sehr gut mundete auch die würzige Senf-Rosmarinsauce zum perfekt gegarten Kaninchenrücken. Als Beilage gab es leicht gebratene Pellkartoffeln – unübertroffen. Zum Schluss warteten noch zwei Glanzlichter: ein warmer, frischer Ziegenkäse mit Blattsalaten, Schinkenstreifen und Brotcroûtons in einer sanften Vinaigrette und eine cremige Panna cotta mit aromatischen Erdbeerscheiben.

Pasta-Liebhabern bietet das L'Europeo ein El Dorado: Kosten Sie zu zweit oder mehreren die gemischte Nudelplatte!

Eine empfehlenswerte italienische Küche, mit teilweise etwas zu selbstbewusst kalkulierten Preisen. Gute Weinkarte mit ordentlichen Tropfen, lassen Sie sich von Toni Cotugno beraten.

Italienisch

Lo Spuntino

im Hotel Commerz
Lobuschstraße 26
22765 Hamburg/Ottensen
Tel. 040/390 42 44
Fax 040/390 49 96

Besitzer/Inhaber
Lidio De Bilio
Küchenchef
Lidio De Bilio
Öffnungszeiten
Mi–Mo 17–24 Uhr
Ruhetag
Di
Reservierung
erwünscht
Betriebsferien
3 Wochen während
der Hamburger
Sommerferien
Kreditkarten
Eurocard, Visa
Hauptgerichte
ab € 9,–
Anzahl der Plätze
36 im Restaurant
22 auf der Terrasse

Nur Eingeweihte wissen, dass sich im Souterrain des Hotels Commerz in Ottensen ein Italiener befindet, der eine durchaus passable Küche bietet, die in früheren Jahren schon ausgezeichnet worden ist. Vom ersten Eindruck sollten sich Neulinge allerdings nicht täuschen lassen. Wer hierher kommt, sucht weder modernes Design noch ausgeprägte Gemütlichkeit, sondern eine solide, bodenständige ligurische Küche. Die Empfehlungen des Tages trägt der Padrone mit handgeschriebener Tafel höchst persönlich vor.

So werden in dem winzigen Raum gute Antipasti serviert, ein aromatisches Vitello Tonnato oder auch Sardellen. Dem Fisch wird im Lo Spuntino ohnehin ein großer Stellenwert eingeräumt, und die Küche ist flexibel. Sie serviert die Dorade entweder im Ganzen oder auch als Filet mit Pinienkernen, dazu gibt es Salat. Die Rinderfilets werden mit einer Gorgonzolasauce zubereitet. Auch die Pasta ist bei den Stammgästen beliebt, Spaghetti mit Meeresfrüchten zum Beispiel.

Auf der Tageskarte ist auch immer ein Wein des Tages zu finden, der stets ein ordentliches Preis-Leistungs-Verhältnis aufweist.

Deutsch

Lutz und König

König-Heinrich-Weg 200
22455 Hamburg/Niendorf
Tel. 040/555 99 553
Fax 040/555 99 554

Der Patron heißt Lutz und hat dem Restaurant Lutz und König seinen Namen gegeben, der ein Versprechen sein soll: Hier ist der Gast König (und das ist wahrlich nicht überall selbstverständlich). Der liebenswürdige Service passt zum farbenfrohen Interieur.

Die Gäste schätzen die verfeinerte Regionalküche mit mediterranen Akzenten. Entscheidet man sich nicht für das individuell zubereitete 4-gängige Überraschungs-menü, so hat man die Qual der Wahl.

Vorweg begeisterte uns die zarte Crème brûlée von der Gänsestopfleber mit Calvados-Apfel und Sommertrüffel (begleitet von einem Glas Robert Bauer Trockenbeeren-auslese) genauso wie die knusprige Frühlingsrolle von der Ente auf einem delikaten Glasnudelsalat. Empfehlenswert außerdem: gegrillte Lammfilets mit einem Aprikosen-Ing-wer-Couscous sowie das exzellente Red Tunafilet, welches „rare" gebraten auf einem Kartoffel-Shi-Take-G'röstel ser-viert wurde.

Das süße Finale wird von Astrid Nordmeyer, der Lebensge-fährtin von Lutz Reppegather, persönlich serviert, deren Patisserieerfahrungen aus der Sterngastronomie hier deutlich werden. Die Grießknödel auf Zwetschgenröster waren köstlich. Wer sich nicht entscheiden kann, der wählt am besten die Dessertvariation, die es auch für zwei Perso-nen gibt.

Die Weinkarte umfasst rund 120 Positionen, mit Schwer-punkt Frankreich und Italien, auch ein paar interessante Weine aus der Neuen Welt sind dabei. Ungefähr 20 Weine werden im offenen Ausschank angeboten.

Besitzer/Inhaber
Lutz Reppegather
Küchenchef
Lutz Reppegather
Öffnungszeiten
Di–Fr 12–15 Uhr u.
17–22 Uhr
Sa ab 17 Uhr
So und feiertags ab
12 Uhr
Ruhetag
Mo
Reservierung
erwünscht
Kreditkarten
EC-Karte, Amex,
Diners, Eurocard, Visa
Spezialität des Hauses
US-Marmorsteak,
scharf gebraten, mit
Würfelkartoffeln und
Salat
Kinderkarte
ja
Hauptgerichte
ab € 15,–
Menüs
von € 39,50 bis
€ 44,50
Anzahl der Plätze
65 im Restaurant
40 auf der Terrasse

Thailändisch

Manee Thai

Brodschrangen 1-2
20457 Hamburg/Innenstadt
Tel. 040/33 39 50 05
www.manee-thai.de

Besitzer/Inhaber
Nappa Weger,
Dominik Letschert
Küchenchef
Lek Kaweesut
Öffnungszeiten
Mo–Fr 11.30–15.30
Uhr u. 17.30–24 Uhr,
Sa 17.30–24 Uhr
Ruhetag
So
Reservierung
erwünscht
Kreditkarten
EC-Karte, Amex, JCB,
Eurocard, Master, Visa
Spezialität des Hauses
Fisch und Krusten-
tiere
Mittagstisch
um € 15,–
Hauptgericht
ab € 10,–
Anzahl der Plätze
66 im Restaurant
24 auf der Terrasse

Anhängern der thailändischen Küche ist das Manee Thai schon länger bekannt, vor allem jenen aus dem Hamburger Westen. Lange residierte es in Blankenese, bevor es in die City umsiedelte. Mit dem Umzug in die traditionsreichen Räume von Cölln's Austernstuben rückt das Lokal mit fernöstlichen Spezialitäten nun nicht nur räumlich in den Mittelpunkt des Interesses.

Mancher lobt das Manee Thai gar überschwänglich als eines der besten seiner Art in Deutschland. Verstecken müssen sich die Küchenmeister am Brodschrangen auf keinen Fall. Klarheit herrscht wie bei der Einrichtung, an der sich nicht viel verändert hat, auch auf den Tellern. Hier wird nichts in Sauce ertränkt oder vor Schärfe gänzlich geschmacklos. Exotische Aromen kommen fein zur Geltung, das Gemüse ist frisch, so bei den Lammwürfeln in gelbem Curry mit Chilischoten und Thaigemüse. Guten Lengfisch gab es in grünem Curry mit Brokkoli.

Der Service ist ausgesprochen freundlich und zuvorkommend. Wer nicht auf Wein besteht, dem sei das thailändische Singha-Bier vom Fass empfohlen, das gut zu vielen Speisen passt.

Italienisch

Massimo La Lupa

Sierichstraße 112
22299 Hamburg/Winterhude
Tel. und Fax 040/41 42 47 99
www.massimo-lalupa.de

Seine alten Stammgäste sind froh, dass er wieder zurück-gekehrt ist: Massimo La Lupa hat der bekennende Römer Massimo Saunit, Darling der Hamburger Prominenten, sein Lokal in Winterhude genannt – nach der Wölfin, die das Wappen seiner Heimatstadt schmückt.

Kochen ist für den Römer therapeutischer Dienst am Kunden. Seine Gäste nennt er Patienten. „Kompliziert sind wir Menschen von Natur aus", sagt er. „Meine Speisen dagegen sind simpel, der Geist meiner Gäste muss sich dabei begradigen können." Massimo verwendet nur sechs Gewürze: Basilikum, Oregano, Salbei, Salz und Pfeffer, Knoblauch nur in Ausnahmefällen, und dann auch nie gebraten, sondern frisch aufgerieben.

Die Karte ist klein, aber Massimo hat immer noch etwas in der Hinterhand, und für liebe Stammgäste kocht er auch, was nicht auf der Karte steht. Die bietet Carpaccio von Kalbsnuss mit Blutorangenwürfeln oder mit Steinpilzen, Risotto mit Steinpilzen, Dorade im Salzmantel oder Kalbsmedaillons mit Schinken und Salbei.

Das Weinangebot ist bewusst überschaubar, fragen Sie Massimo nach seiner Empfehlung.

Besitzer/Inhaber
Massimo Saunit
Küchenchef
Massimo Saunit
Öffnungszeiten
Di–Fr 18–24 Uhr
Sa u. So 12–15 Uhr u.
18–24 Uhr
Ruhetag
Mo
Reservierung
erwünscht
Kreditkarten
EC-Karte
Spezialität des Hauses
Carpaccio vom Kalb
mit Menta und Blut-
orange
Mittagstisch
nein
Kinderkarte
wird individuell
zusammengestellt
Hauptgerichte
ab € 12,50
Menüs
auf Anfrage
Anzahl der Plätze
24 im Restaurant
16 auf der Terrasse

Japanisch

Matsumi

Colonnaden 96
20354 Hamburg/Innenstadt
Tel. 040/34 31 25
Fax 040/34 42 19
www.matsumi.de

Besitzer/Inhaber
Hideaki Morita, Petra
Garling
Küchenchef
Hideaki Morita
Öffnungszeiten
Mo–Sa 12–14.30 Uhr
u. 18.30–23 Uhr
Ruhetag
So u. feiertags mittags
Betriebsferien
Weihnachten bis erste
Januarwoche
Reservierung
empfehlenswert
Kreditkarten
EC-Karte, Amex,
Diners, Eurocard,
Visa, JCB
Spezialität des Hauses
Wappanabe (Fischer-
mann-Eintopf) mit
glühenden Steinen
schockerhitzt
Mittagstisch
ab € 8,–
Hauptgerichte
ab € 13,–
Menüs
von € 40,– bis € 50,–
Anzahl der Plätze
53

Wenn es stimmt, dass die Qualität eines ausländischen Restaurants am Zuspruch der Landsleute gemessen werden kann, dann gehört das Matsumi (auf deutsch: „Geschmack nach Art der Kiefer") zu den besten Japanern der Stadt. Eingeborene Hanseaten sind auf den rund 50 Plätzen im schlicht eingerichteten Restaurant auf der ersten Etage eindeutig in der Minderheit. Den interessantesten Ausblick hat man im Matsumi nicht am Fenster (auf die Colonnaden), sondern an der Theke (auf die flinken Finger des Chefkochs): Hideaki Morita, nach siebenjähriger Ausbildung in Japan als Sushi-Meister qualifiziert, knetet mit traumhafter Sicherheit rohe Meeresfrüchte auf Reisbällchen, schneidet Seetangrollen mit Reis und rohem Fischkern. Unser Take-Sushi war ein Genuss und nur eine kleine Auswahl aus der schier unübersichtlichen Reihe von Sushi-Zubereitungen.

Mittags bietet das Matsumi eine reduzierte Karte, jedoch mit einer Reihe preiswerter Lunch-Menüs, jeweils mit eingelegtem Gemüse vorweg, Miso-Suppe und Reis. Katsu-Kareh, paniertes, krosses Schweinegulasch auf Reis mit aromatischer, nachhaltig scharfer Currysauce, erfüllte unsere Erwartungen. Noch besser gefiel uns Shogun Chirashi, verschiedene gebratene, gegrillte und gekochte Fisch-, Fleisch- und Gemüsesorten auf Sushi-Reis angerichtet, begleitet von einer Sashimi-Auswahl. Die Zutaten aller Gerichte sind sehr frisch und von hervorragender Qualität, Morita bezieht sie zum Teil direkt aus Japan.

Mess

Turnerstraße 9
20357 Hamburg/St. Pauli
Tel. 040/43 41 23
Fax 040/43 25 01 53
www.mess.de

Besitzer/Inhaber
Tobias Strauch
Küchenchef
Stephan Caspers
Öffnungszeiten
Mo–Fr 12–15 Uhr
täglich 18–1 Uhr
Reservierung
erwünscht
Kreditkarten
EC-Karte, Amex
Mittagstisch
ab € 8,–
Kinderkarte
nein
Hauptgerichte
ab € 14,–
Menüs
von € 37,– bis € 54,–
Anzahl der Plätze
50 im Restaurant
28 auf der Terrasse
Besonderheiten
Angeschlossener
Weinhandel, alle Wei-
ne können zu Laden-
preisen mitgenommen
werden.

Das Restaurant im Souterrain der Turnerstraße, gelegen im trendigen Karolinenviertel, hat sich längst eine treue Anhängerschar erarbeitet. Wer in dem kleinen Lokal einen der 50 Plätze reserviert, kommt natürlich wegen des Essens und der Weine, aber auch wegen der Stimmung, die hier immer gut ist.

Die Karte besteht zum einen aus Mess-Klassikern, wie zum Beispiel einem hervorragenden Wiener Schnitzel oder einem Salat in Orangendressing und mit Haselnuss gratinierter Hähnchenbrust. Zum anderen kreieren die Köche eine wöchentlich wechselnde Karte mit mediterranen oder euroasiatischen Anklängen. Aus dieser Wochenkarte lässt sich – ganz nach Wunsch des Gastes – auch ein 4- bis 6-Gänge-Menü zusammenstellen. Als Vorspeise begeisterte uns der Ziegenfrischkäse vom Hof Bachenbruch auf Zucchinirösti mit Sommertrüffeln und im Ofen getrockneter Tomate. Zum Hauptgang schmeckte das Lammcarré mit Salbei und Panchetta gratiniert auf Salbeijus, dazu Keniabohnen und Kartoffelgnocchi. Als Dessert gab es Basilikum- und Erdbeersorbet, am Tisch mit Champagner aufgegossen, und eine Orangen-Crème brûlée mit Schokoladensauce.

Die Weinkarte ist mit ca. 200 Positionen gut sortiert, der freundliche und kompetente Service hilft gerne bei der Auswahl. Die internationalen Weine sind moderat kalkuliert und stammen aus dem hauseigenen Weinhandel.

Euro-asiatisch

Nido

Cremon 35-36
20457 Hamburg/Altstadt
Tel. 040/51 31 03 17
Fax 040/51 31 03 18
www.nido-restaurant.de

Was anfangs kurios anmutete, gehört mittlerweile zum guten Ton in der gastronomischen Landschaft der Hansestadt. Die Kombination von fernöstlichen Gerichten mit klassischen und modernen Zubereitungen der europäischen – hier Wiener – Küche hat ihre Liebhaber gefunden und behalten. Neben Tafelspitz und Kaiserschmarrn bietet das Nido, mittlerweile in der Hamburger Innenstadt beheimatet, auch viele asiatische Köstlichkeiten an.

Misosuppe steht ebenso auf der Karte wie Yakitori-Spieße vom Huhn oder Ohitashi (marinierter Blattspinat mit Soja-Sesamdressing). Die Auswahl der Hauptgerichte reicht von Rinderfilet Teriyaki mit Kartoffelschiffchen und Pfifferlingen bis zum Zander mit Pfifferlingsrisotto, grünem Thaispargel und Zitronenjus. Wer die ganze Bandbreite der „austro-asiatischen" Küche probieren möchte, sollte sich für das „Sushi & Schnitzel Menü" entscheiden: nach einer Sushi-Variation wird ein klassisches Wiener Schnitzel mit Gurkensalat und Bratkartoffeln serviert, zum Abschluss gibt es Kaiserschmarrn aus dem Wok mit Zwetschgenröster und Vanillesauce.

Besitzer/Inhaber
Nido Gaststätten-
betriebs GmbH
Küchenchef
Sonthaya Saisombat
Öffnungszeiten
Mo–Fr 11.30–14.30
Uhr u. 18–0 Uhr
Sa 18–0 Uhr
Ruhetag
So
Kreditkarten
EC-Karte
Mittagstisch
ab € 3,50
Hauptgerichte
ab € 15,50
Menüs
von € 30,– bis € 40,–
Kinderkarte
nein
Anzahl der Plätze
80 im Restaurant
30 auf der Terrasse

Szene-Tipp, Bistro

Nil

Neuer Pferdemarkt 5
20359 Hamburg/St. Pauli
Tel. 040/439 78 23
Fax 040/43 33 71
www.restaurant-nil.de

Besitzer/Inhaber
E. Füngers,
S. Hellmann
Küchenchef
Matthias Schulz,
Jochen Armbruster
Öffnungszeiten
Mo, Mi u. Do 18–23
Uhr
Fr u. Sa 18–24 Uhr
So 18–22 Uhr
Ruhetag
Di
Reservierung
empfehlenswert
Kreditkarten
EC-Karte
Kinderkarte
nein
Hauptgerichte
ab € 9,–
Menüs
3 Gänge € 20,–
4 Gänge € 29,–
Anzahl der Plätze
70 im Restaurant
25 im Garten

Manches hat sich über die Jahre im Nil verändert, das Interieur ein bisschen, die Küche, die internationaler geworden ist, ebenfalls. Nur eins ist bis heute unverändert geblieben: die Philosophie, wenn man es denn so nennen mag, und darauf ist das Team des Nil zu Recht auch stolz. In die Küche und auf die Teller kommen am Neuen Pferdemarkt nur Top-Produkte, Fleisch vom Biohof zum Beispiel sowie Gemüse aus kontrolliertem Anbau.

Das schmeckt man in der kreativen Küche. Zum Beispiel beim Jungschwein „karibisch" mit Süßkartoffelragout. Als Appetithäppchen gab es leckere Ziegenkrapfen mit Fenchel-Olivensalat. Gut gefiel ein feines, aromatisches Kaninchenleberparfait mit eingelegten Tamarillo oder knusprig in Salbei gebratene Entennockerl mit weißen Bohnen und Rucola. Die Hauptgänge waren echte Höhepunkte: schmackhaftes Saltimbocca vom Zander mit Mangold und Safransauce und perfekt gegartes Schwarzfederhuhn mit feinem Steinpilzrisotto und glasierten Schalotten.

Die Weinkarte von Elisabeth Füngers ist interessant zusammengestellt und hält einige spannende Tropfen abseits des Mainstream bereit.

Besonderheiten

Beim sonntäglichen „Abendbrot" (18–22 Uhr) werden an langen Tafeln verschiedene Vorspeisen, Hauptgerichte sowie ein kleines Dessert herumgereicht (€ 18,–).

Promi-Treff, italienisch

Osteria Due

Badestraße 4
20148 Hamburg/Pöseldorf
Tel. 040/410 16 51
Fax 040/410 16 58
www.osteriadue.de

Besitzer/Inhaber
Alice v. Skepsgardh,
Hubertus Henrich
Küchenchef
Erik Bormann
Kreditkarten
Amex
Spezialität des Hauses
Kurzgebratenes
Tunfischsteak auf
Tomatenchutney mit
Kaiserschoten u.
Kräutersalat,
Kaninchenrücken im
Parmaschinkenmantel
mit Parmesankartof-
feln
Mittagstisch
nein
Kinderkarte
nein
Hauptgerichte
ab € 18,–
Menüs
von € 28,50 bis
€ 51,–
Anzahl der Plätze
85 im Restaurant
50 auf der Terrasse

Manchmal möchte man glauben, es gäbe keinen zweiten Italiener in Pöseldorf. So gut besucht, mittags wie abends, ist der Gastro-Klassiker von Alice von Skepsgardh in der Badestraße. Viele Medien- und Agenturleute nutzen das Ristorante nach wie vor als Alternative zur Kantine.

Die Karte präsentiert stets eine reiche Auswahl an Antipasti, Primi Piatti, Secondi Piatti und Dolci e formaggi. Eine Schiefertafel weist dazu noch eine Hand voll Tagesgerichte aus. Die Qualität ist ordentlich, eine Riesenportion Rucola mit Parmesan zum Beispiel oder Klassiker wie Spaghettini mit Scampi und Chili. Der junge deutsche Chefkoch hat Schwung in die Küche gebracht, er gibt dem Ganzen hier und da einen exotischen Akzent mit Gerichten wie marinierter Tunfisch mit Mango-Avocado-Salat oder Ziegenkäse lauwarm mit Lavendeldressing.

Die Weinkarte ist zwar klein, aber international. Neben den üblichen italienischen Klassikern bietet sie viele interessante Weine aus Deutschland, Österreich, Frankreich und Übersee.

Promi-Treff, Aussicht, italienisch

Paolino

Alsterufer 2
20354 Hamburg/Rotherbaum
Tel. 040/41 35 56 55

Ein echter Promi-Wirt – einer der wenigen, wenn nicht der einzige in der Hansestadt – ist Paolino. Die Aufzählung seiner prominenten Gäste ist länger als die Liste der italienischen Weine auf seiner Karte. Der Padrone mit seinem liebenswert-freundlichen Knautschgesicht kauderwelscht auch nach vier Jahrzehnten immer noch so charmant, wie man es von einem italienischen Chef einfach erwartet.

Paolo Cherchi, den alle nur Paolino nennen, stammt aus Benetutti, einem kleinen Ort auf Sardinien. 1980 eröffnete er auf dem Ponton an der Außenalster sein Restaurant. Bald kamen die ersten Promis und der Erfolg – bis zum 10. August 1997, als der Holzpavillon auf der Alster niederbrannte. Seit ein paar Jahren steht nun Paolinos Pasta-Palast wieder. Mehr als 100 Gäste finden drinnen einen Stuhl, die neuen Fenster lassen mehr Licht hinein als früher, die Kellner müssen weiter laufen. Auch nach draußen, denn das wiedererstandene Paolino hat auch eine Terrasse mit Alsterblick.

Die große Karte offeriert Antipasti misti, Spaghetti al Pesto, Seeteufelmedaillons, Saltimbocca alla Romana und Tiramisu. Dazu empfiehlt sich einer der vielen Rotweine, die auf dem alten, aus „Paolino I" geretteten Tresen präsentiert werden.

Wir haben die Atmosphäre ebenso genossen wie die Aussicht auf die Alster. Wir fanden das Mineralwasser ausgezeichnet – und den doppelten Espresso auch.

Besitzer/Inhaber
Paolo Cherchi
Küchenchef
Lorenzo Floris
Öffnungszeiten
Di–So 12–15 Uhr u.
18–24 Uhr
Ruhetag
Mo
Kreditkarten
Amex, Diners, Master,
Visa
Kinderkarte
auf Anfrage
Hauptgerichte
ab € 12,–
Menüs
von € 35,– bis € 60,–
Anzahl der Plätze
130

Petit Délice

Große Bleichen 21
20354 Hamburg/Innenstadt
Tel. 040/34 34 70
Fax 040/35 71 26 63

Besitzer/Inhaber
Ernst-Wilhelm
Klewinghaus
Küchenchef
Ernst-Wilhelm
Klewinghaus
Öffnungszeiten
Mo–Fr 12–23 Uhr
Sa 12–22 Uhr
Ruhetag
So und feiertags
Reservierung
erwünscht
Kreditkarten
EC-Karte, Amex,
Eurocard, Visa
Spezialität des Hauses
Weißer Steinbutt und
gebratene Entenstopf-
leber in Champagner-
sauce
Mittagstisch
Tagesgericht
Kinderkarte
nein
Hauptgerichte
ab € 18,–
Menüs
von € 35,– bis € 70,–
Anzahl der Plätze
25 im Restaurant
36 auf der Terrasse

Seit Ernst-Wilhelm Klewinghaus das Petit Délice in der Galleria übernahm, hat er schon mehrfach für Furore gesorgt. Und nun gibt es die Köstlichkeiten, die die Délice-Küche zubereitet, gleich nebenan im Petit Traiteur, einem Feinkostgeschäft mit Bistro, zu kaufen.

Der Erfolg des kleinen Restaurants mit der beliebten Bleichenfleet-Terrasse und dem schwarz-weißen Fußboden beweist allerdings, dass Klewinghaus nicht nur auf Spektakel, sondern vor allem auf gehobene solide Küche setzt. Geradlinige Zubereitung und hervorragende Qualität sind die Grundpfeiler seiner modernen Kreationen mit regionalen und mediterranen Akzenten. Da kommen dann Kalbsrückenscheiben mariniert mit Sauerkrautsalat oder Crespelle mit Ricotta und Parmesan überbacken sowie Seesaibling an der Haut gebraten mit Sellerie-Trüffelsauce auf den Tisch. Als Hauptgerichte locken zum Beispiel Seeteufel in Mohnbutter gebraten oder weißer Steinbutt und Entenstopfleber, aber auch glasierte Lammhaxe.

Ungewöhnliches wie After-Eight-Mousse mit Orangenparfait und Kiwisalat kreiert Klewinghaus zum Dessert. Ein täglich wechselndes Mittagsstammessen wie Rinderroulade „Petit Délice" bietet bodenständige Küche auf hohem Niveau.

Der Service ist freundlich, auch wenn es im Sommer auf der vollen Terrasse hoch hergeht. Die Weinkarte mit Weinen aus Deutschland, Österreich, Italien, Spanien und Übersee ist überschaubar, aber sorgfältig ausgewählt.

Besonderheiten

**Gesellschaftsraum für
18 Personen, Gesell-
schaften bis 120 Per-
sonen möglich.
Im Petit Traiteur kön-
nen die Spezialitäten
des Restaurants wie
hausgemachte Marme-
laden und Chutneys
gekostet und gekauft
werden.**

Mediterran

Piazza Romana

im Elysee Hotel
Rothenbaumchaussee 10
20148 Hamburg/Rotherbaum
Tel. 040/41 41 27 34
Fax 040/41 41 27 33
www.elysee-hamburg.de

Besitzer/Inhaber
Eugen Block
Küchenchef
Albrecht Schäfer
Öffnungszeiten
täglich 12–24 Uhr
Reservierung
erwünscht
Kreditkarten
EC-Karte, Amex,
Diners, Eurocard, Visa
Spezialität des Hauses
Fischvariation vom
Grill mit Scampi,
Blattspinat, leichtem
Knoblauch-Basilikum-
Öl und Salzkartoffeln
Mittagstisch
ja
Kinderkarte
nein
Hauptgerichte
ab € 12,–
Menüs
auf Anfrage
Anzahl der Plätze
120 (im Restaurant
und auf der Terrasse)

„Schlichte Kreationen in Top-Qualität anbieten" heißt das Motto, das Eugen Block und der neue Direktor Thomas Thomsen für die künftige gastronomische Marschroute des Hotel-Restaurants Piazza Romana im Elysee ausgegeben haben. Maître de Cuisine Albrecht Schäfer setzt das kulinarische Konzept in die Tat um.

Das beinhaltet saisonale Spezialitäten wie schmackhaft gebratene Steinpilze mit frischen Tagliatelle. Als Vorspeisen offeriert Schäfer neben Suppen, kleinen Pasta-Gerichten, kreativen Zwischengängen und italienischen Antipasti auch verschiedene frische Salate. Empfehlenswert: gebratene Riesengarnelen auf Lauchzwiebeln in Rosmarinbutter und Panchetta. Vier Fisch- und vier Fleischgerichte bietet anschließend die Hauptkarte, je ein weiteres die besondere Empfehlung des Küchenchefs. Besonders hervorzuheben ist das täglich wechselnde Frisch-Fisch-Angebot.

Fein gebraten und im Geschmack sehr gut abgestimmt war das neuseeländische Weidelammcarré in der Kräuter-Senf-Kruste mit grünen Bohnen im Mangoldblatt auf Schalottensauce. Die umfangreiche Dessertkarte offeriert neben den italienischen Klassikern unter anderem auch ein sehr gutes Valrhona Schokoladenparfait mit Mangoragout.

Restaurantleiter Marco Ciavaglia darf sich damit rühmen, die besten Winzer Italiens in seinem Weinkeller zu haben. Besonders empfehlenswert sind die Spitzenrotweine der Toskana.

Feinschmecker-Küche, mediterran

Piment

Lehmweg 29
20251 Hamburg/Eppendorf
Tel. 040/42 93 77 88
Fax 040/42 93 77 89

Wahabi Nouri hat sich mittlerweile einen festen Platz in der Feinschmecker-Liga der Hansestadt erkocht – obgleich er in seinen Aromen sanfter geworden ist und man sich manchmal noch mehr orientalische Würze wünscht. Gemütlich ist es in dem kleinen Restaurant, das stets stimmungsvoll eingedeckt ist.

Zum Aperitif gibt es winzige Zwiebelpizzen, als Gruß aus Nouris Küche folgen Krustentierschaumsuppe, gratinierter Ziegenkäse und Kalbsbällchen. Die geben eine erste Vorstellung der harmonischen französischen Küche mit orientalischen Einflüssen des Marokkaners. Als eine perfekte Kreation erwies sich das weich gekochte Gänsestopfleberei auf Kalbscarpaccio in Pinienkernvinaigrette, das mit zartem Schmelz auf einem Becher aus hauchdünnem Teig thronte. Mit fein abgestimmten Aromen überzeugten ebenfalls Gebackenes und Tatar vom Tunfisch auf geschmolzenem Paprikapesto. Die gratinierten Involtini mit Mozzarella und Spinat gefüllt in Salbei-Oliven-Emulsion geben ein solides Zwischengericht ab. Ausgezeichnet war wiederum das Seezungenfilet mit hauchzartem Hummerfrühlingsröllchen gefüllt auf Fenchelgemüse. Ein auf den Punkt zart gebratenes Kalbsfilet mit dreierlei Zwiebeln und Pommes Dauphine überzeugte ebenso wie der zarte Lammrücken mit provenzalischer Tarte und Nizza-Oliven an Safran-Ingwernage. Auch bei den Desserts hält Nouri das Niveau, so bei Mandelfinancier mit Sauce, Salat und Sorbet von Erdbeeren.

Das Service-Personal hat den Ablauf gut im Griff und glänzt durch unauffällige Aufmerksamkeit. Die Weinkarte ist überschaubar mit ausgesuchten Tropfen und einer ordentlichen Auswahl französischer Weine.

Besitzer/Inhaber
Wahabi Nouri
Küchenchef
Wahabi Nouri
Öffnungszeiten
Mo–Sa 19–22.30 Uhr
Ruhetag
So
Betriebsferien
2 Wochen während der Hamburger Sommerferien
Reservierung
erwünscht
Kreditkarten
EC-Karte, Eurocard, Visa
Kinderkarte
auf Anfrage
Hauptgerichte
ab € 25,–
Menüs
von € 40,– bis € 60,–
Anzahl der Plätze
26 im Restaurant
16 auf der Terrasse

Poletto

Eppendorfer Landstraße 145
20251 Hamburg/Eppendorf
Tel. 040/480 21 59
Fax 040/41 40 69 93

Besitzer/Inhaber
Remigio Poletto
Küchenchef
Cornelia Poletto
Öffnungszeiten
Di–Fr 12–15 Uhr
Di–Sa 19–23 Uhr
Ruhetag
So u. Mo
Reservierung
erwünscht
Kreditkarten
EC-Karte
Spezialität des Hauses
Königssteinbutt auf
kleinen Artischocken,
Kirschtomaten und
Kräutern
Mittagstisch
Business-Lunch
€ 25,–
Kinderkarte
nein
Hauptgerichte
ab € 23,–
Menüs
von € 39,– bis € 59,–
Anzahl der Plätze
36 im Restaurant
20 auf der Terrasse

Ihre Mühe und ihr Talent sind honoriert worden: Nach einem vielversprechenden Start im ehemaligen Il Gabbiano an der Eppendorfer Landstraße sind Cornelia Polettos Kochkünste schließlich auch höchst offiziell gelobt und mit einem Stern dekoriert worden. Leise und ohne großes Aufheben hat sie ihren Stil stetig verfeinert und ihre Küche verbessert und gehört nun zu den kulinarischen Top-Adressen der Stadt.

Schon zu Beginn staunten die Gäste nicht schlecht, als das Poletto in den heruntergekommenen Räumen als „Phönix aus der Asche" wieder auferstanden war. Dort haben sich Cornelia und Remigio Poletto mit hell, freundlich und modern gestalteten Räumen ihren Traum vom eigenen Restaurant erfüllt – und sich das Projekt einiges kosten lassen.

Die junge Inhaberin und Küchenchefin blickt auf etablierte Stationen zurück: Sie war im Anna e Sebastiano, bei Heinz Winkler in Aschau und zuletzt im Fiorano am Flughafen, das es mittlerweile auch schon nicht mehr gibt. Remigio hat im Rive und zuletzt als Restaurantchef ebenfalls im Fiorano gearbeitet.

Das Abendmenü begann mit Tatar und Canelloni vom Tunfisch, tadellos serviert auf Rucola mit pikantem Dressing. Ebenso gelungen: Strozzapreti-Nudeln mit kleinen Zucchini und Bouchotmuscheln in Olivenöl und Kräutern. Der Loup de Mer war perfekt auf der Haut gebraten. Der Escarolsalat mit Artischockenhobeln und korsischem Ziegenkäse begeisterte ebenfalls. Gut waren auch die aufgeschäumte Suppe von weißen Palbohnen mit frischen gebratenen Jakobsmuscheln und sehr pikante Penne rigate all'arrabiata mit köstlichen hausgemachten Lammbratwürstchen. Einfach lecker zum Schluss die Crème brûlée mit Beeren.

Der Service ist herzlich und professionell. Die Weinkarte umfasst rund 150 Positionen aus vorwiegend italienischen, aber auch französischen und deutschen Anbaugebieten. Auf Remigios Empfehlungen kann man sich verlassen. Die Weine werden auch offen ausgeschenkt.

Spanisch

Portomarín

Dorotheenstraße 180
22299 Hamburg/Winterhude
Tel. 040/46 96 15 47
Fax 040/28 80 06 96
www.portomarin.de

Besitzer/Inhaber
Jesús Antonio Díaz
Sindín
Küchenchef
Joel Garcia Montes
Öffnungszeiten
Mo–Sa 18–23 Uhr
(Küche)
Ruhetag
So
Betriebsferien
4 Wochen im Sommer
Reservierung
erwünscht
Kreditkarten
EC-Karte, Amex,
Diners, Eurocard, Visa
Spezialität des Hauses
Gegrillte Seeteufel-
medaillons auf
weißer Buttersauce
und Flusskrebsen
Kinderkarte
nein
Hauptgerichte
ab € 14,50
Menüs
von € 23,50 bis
€ 39,–
Anzahl der Plätze
40 im Restaurant
32 auf der Terrasse

Spanische Restaurants gibt es einige in der Stadt, aber die Adressen mit ansprechendem kulinarischem Niveau sind eher rar gesät. Seit es das Portomarín gibt, fällt Liebhabern der spanischen Küche die Wahl glücklicherweise leichter. Die Küche ist wie das gemütliche Ambiente zwischen roten Wänden: schnörkellos und anspruchsvoll. Als Einstieg gefiel die Tapas-Variation – ein rustikaler, aber köstlicher Auftakt. Alternativ sind die gemischten Blattsalate mit Pata-Negra-Schinken und Walnüssen zu empfehlen. Zwischendurch ein kleines Intermezzo für Suppenkasper: Suppe von frischen Tomaten mit Crème fraîche und gebratenen Scampi. Bei den Hauptgerichten waren die gegrillten Filets von der Dorade mit Orangensauce und Soja-Reduktion ebenso gelungen wie das sehr zarte geschmorte Kaninchen mit Schnecken in Rioja-Rotweinsauce, dazu frisches Gemüse. Ein Muss zum Abschluss: die Crema Catalana.

Die Weinkarte umfasst 140 Positionen spanischer Spitzenweine aus allen namhaften Anbaugebieten. Etwa 1100 Flaschen lagern – für die Gäste gut sichtbar – in der vollklimatisierten „Weinstraße" im hinteren Teil des Restaurants.

Feinschmecker-Küche, schönes Ambiente

Prinz Frederik

im Hotel Abtei
Abteistraße 14
20149 Hamburg/Harvestehude
Tel. 040/44 29 05
Fax 040/44 98 20
www.relaischateaux.fr/abtei

Besitzer/Inhaber
Petra Lay
Küchenchef
Marcus Leben
Öffnungszeiten
Di–Sa 17–24 Uhr
Ruhetag
So u. Mo
Reservierung
erwünscht
Kreditkarten
EC-Karte, Amex,
Eurocard, Visa
Spezialität des Hauses
Aufgeschlagene Gän-
seleber mit Püree vom
Granny Smith und
Sauternegelee
Kinderkarte
nein
Hauptgerichte
ab € 27,–
Menüs
von € 60,– bis € 98,–
Anzahl der Plätze
16 im Restaurant
8 im Garten

Ulrich Heimann ist dem Ruf von Karlheinz Hauser in den neuen Gourmet-Tempel Seven Seas auf den Süllberg gefolgt, doch sein Nachfolger in der Küche des Prinz Frederik kann gute Referenzen nachweisen: Marcus Leben war zuvor Sous-Chef bei Thomas Martin in Jacob's Restaurant. Leben offeriert ein Degustations-Menü sowie eine à-la-carte-Karte. Menü und Karte bieten seither in dem kleinen Restaurant mit sechs Tischen ein umfangreicheres Angebot für die Gäste.

Schon der Gruß aus der Küche, zu der der umsichtige Service den Gast aus dem Kaminzimmer an den Tisch bittet, war ein Hochgenuss: Frischlings-Mousse auf Zwiebelkompott. Der Spieß von Jakobsmuscheln und Steinpilzen mit Avocadotörtchen war ein wunderbarer Einstieg, auch der Seeteufel auf mariniertem Steckrüben-Speck-Salat war fein abgestimmt und aromatisch. Perfekt anschließend der gebratene Wildlachs auf Basilikumrisotto, der bewies, dass auch der neue Küchenchef sich auf aromenreiche Speisen versteht. Auf den Punkt präsentierten sich sowohl der Rehrücken, begleitet von schwarzen Nüssen und geschmortem Spitzkohl, als auch das Rinderfilet mit geschmorten Karotten und gefüllter Polenta.

Auf den Ziegenkäse vom Biohof Bachenbruch verzichteten wir – keine leichte, aber dennoch eine weise Entscheidung –, das Vordessert in Form von gebackener Banane mit Schokoladensüppchen war ein reichhaltiger süßer Gruß aus der Küche. Als köstlichen Abschluss genossen wir kleine Topfenknödel an Zwetschgenragout mit Mandeleis und auch die Mascarpone-Mousse mit Mango und weißem Kaffee-Eis war die Sünde wahrlich wert.

Schönes Ambiente, Bistro

Rexrodt

Papenhuder Straße 35
22087 Hamburg/Uhlenhorst
Tel. 040/229 71 98
Fax 040/22 71 51 89

Besitzer/Inhaber
Niels-Ove Nielsen
Küchenchef
Niels-Ove Nielsen
Öffnungszeiten
Mo–Fr 12–15 Uhr
täglich 19–23.30 Uhr
Reservierung
erwünscht
Kreditkarten
EC-Karte
Spezialität des Hauses
gefülltes Zicklein
aus dem Ofen mit
Bärlauch-Ravioli
Mittagstisch
3-Gänge-Menü
€ 15,– inkl. Getränk
Kinderkarte
Auf die Wünsche der
kleinen Gäste wird
individuell eingegan-
gen.
Hauptgerichte
ab € 13,–
Menüs
von € 30,– bis € 36,–
Anzahl der Plätze
55 im Restaurant
20 auf der Terrasse

Es gibt nur noch wenige Lokalitäten in Hamburg, die mit einem solchen Ambiente auftrumpfen können. Im Rexrodt in Uhlenhorst ist das wie ein Wunder erhalten geblieben: Trotz zwischenzeitlicher Nutzung der ehemaligen Metzgerei von 1896 als Weinhandlung und Boutique haben die Jugendstilkacheln die Jahre unbeschadet überdauert und etwas vom Flair der Jahrhundertwende bewahrt.

Das schätzen die Gäste neben der Atmosphäre, die manchmal fast familiär ist in dem kleinen Bistro, in dem im Sommer auch auf einigen Plätzen auf der Straße serviert wird. Hier kommt das klassische Bistro-Programm in guter Qualität auf die Teller. Ein paar „zeitgeistige Einsprengsel" sind allerdings auch hier darunter. So wurde das Tatar von Scampi im Brickteig gebacken, zur Kaninchenkeule gab es Bärlauchpolenta und zum geschmorten Zicklein „mallorquinische Art" Mandel-Couscous. Mediterrane Akzente werden betont, etwa bei den Meeresfrüchte-Ravioli mit grünem Spargel und Safransauce oder bei den Rotbarbenfilets mit gebratenen Lauchzwiebeln und Champignons in Paprika-Kapern-Sauce.

Die Weinkarte offeriert vorwiegend italienische und deutsche Tropfen. Lobenswert ist die Auswahl an offenen Weinen.

Szene-Tipp, Fischküche, Aussicht

Rive

Van-der-Smissen-Straße 1
22676 Hamburg/Altona
Tel. 040/380 59 19
Fax 040/389 47 75
www.rive-hamburg.de

Wer im Rive, einst das erste Großraumbistro an der heute trendigen Hafenmeile, keinen der begehrten Fensterplätze erwischt, hat trotzdem einiges zu gucken. Prominente Gesichter tauchen regelmäßig auf, und auch ein Großteil der übrigen Gäste hat nichts dagegen, gesehen zu werden. Dafür ist die Stimmung stets fröhlich, und wer intime Zweisamkeit sucht, ist hier falsch.

Die Küche bietet eine maritime Mischung, die mediterrane Spezialitäten mit norddeutschen Klassikern verbindet, also Matjes und Pannfisch, Loup de Mer gegrillt oder Seeteufel mit Artischockenrisotto. Als Spezialitäten stehen auch halbe Hummer gegrillt, Kaviar, Muscheln und Langostinos auf der Karte. Die Qualität der Küche ist solide.

Der Service ist freundlich und flink. Die kleine Weinkarte variiert vor allem zwischen italienischen und französischen Weinen, bietet aber auch einiges an Exoten.

Besitzer/Inhaber
Alice von Skepsgardh,
Hubertus Henrich
Küchenchef
Arne Schönrock
Öffnungszeiten
täglich 12–24 Uhr
Reservierung
erwünscht
Kreditkarten
Amex
Spezialität des Hauses
Fisch
Mittagstisch
ab € 19,–
Kinderkarte
nein
Hauptgerichte
ab € 13,–
Menüs
von € 32,– bis € 50,–
Anzahl der Plätze
160 im Restaurant
60 auf der Terrasse

Italienisch

Roma

Hofweg 7
22085 Hamburg/Uhlenhorst
Tel. 040/220 25 54
Fax 040/227 92 25
www.rist-roma.de

Besitzer/Inhaber
Carlo Cametti, Giulino Canella
Küchenchef
Giuseppe Damiano
Öffnungszeiten
Mo–Fr 12–14.30 Uhr täglich ab 18 Uhr
Reservierung
erwünscht
Kreditkarten
EC-Karte, Amex, Diners, Visa
Mittagstisch
ab € 7,–
Kinderkarte
nein
Hauptgerichte
ab € 12,–
Menüs
von € 26,– bis € 45,–
Anzahl der Plätze
70 im Restaurant
40 im Garten

Seit nunmehr 35 Jahren, das Jubiläum wurde im Frühjahr 2003 gefeiert, gibt es das Roma am Hofweg – ein Stück Beständigkeit in der lebendigen Hamburger Gastronomie. Die Gäste schätzen diese Verlässlichkeit von Niveau und Küche, die sich klassisch italienisch gibt. Nach einem Brand war auch das Ambiente am Hofweg unfreiwillig aufgefrischt worden.

Bei den letzten Besuchen gefielen gebratener Octopus mit Kartoffeln, Kräutern und Paprika – schmackhaft, pikant und mit viel Knoblauch, sowie rustikale Ravioli mit Ochsenschwanzfüllung. Das Zanderfilet war gut gebraten mit Vernacciasauce und Rosenkohlblättchen. Zu bissfesten Linsen gab es Cotechino, die Bologneser Kochwurst, zur Kalbsleber Salbeisauce und Spinat. Auf der Karte mit vielen Traditionsgerichten finden sich aber auch Kreationen wie italienischer Tafelspitz mit Senffrüchten. Austern gibt es natürlich auch und eine köstliche Mandeltorte Caprese zum Dessert.

Die Weinkarte umfasst fast 80 Positionen, vor allem aus der Toskana, dem Piemont und dem Friaul – viele gute Tropfen sind darunter.

Italienisch

Sale e Pepe

Sierichstraße 94
22301 Hamburg/Winterhude
Tel. 040/27 38 80
Fax 040/27 87 14 43

Stammgäste schreckt der laute Verkehr auf der Sierichstraße seit mehr als zehn Jahren nicht, im Sommer sitzen sie trotzdem auf der kleinen Terrasse vor dem Lokal. Vieles hat sich nicht geändert in den Jahren, nur die Verpflegung zum guten Prosecco ist umfangreicher als früher: Es gab reichlich Oliven, Pesto mit Brot und Crostini mit Tomaten und Rucola.

Fisch ist noch immer ein Schwerpunkt, und bei den meisten Gerichten wie Steinbutt, Seezunge, Loup de Mer oder Hummer mit Spaghettini fehlen auf der Tafel die Preise. Der Steinbutt auf italienische Art kam als perfekt gebratenes, gut gewürztes Filet von ansehnlicher Größe mit Linsen, köstlichen Pellkartoffeln, Bohnen, Brokkoli und Spinat mit gerösteten Kartoffeln. Diese Wahl bereut man nicht. Aber auch die Pasta kann sich im Sale e Pepe sehen lassen: gute Ravioli mit aromatischen Füllungen, zum Beispiel aus Krebsfleisch. Zum Dessert gibt es immer auch Klassiker, das Tiramisu zum Beispiel ist gut und eine süße Sünde wert.

Die Weinkarte mit fast ausschließlich italienischen Weinen ist gut sortiert.

Besitzer/Inhaber
Giordano Ardizzoni
Küchenchef
Nino Gigante
Öffnungszeiten
Sa, So u. feiertags 12–15 Uhr
täglich außer Di 18–23.30 Uhr
Ruhetag
Di
Betriebsferien
15.7. bis 15.8.
Reservierung
erwünscht
Kreditkarten
EC-Karte, Amex, Diners, Eurocard, Visa
Spezialität des Hauses
Kaninchenrücken mit weißen Bohnen, Steinbutt mit Kartoffelkruste
Kinderkarte
ja
Hauptgerichte
ab € 17,50
Menüs
von € 33,– bis € 60,–
Anzahl der Plätze
55

Schönes Ambiente, arabisch

Saliba

Leverkusenstraße 54
22761 Hamburg/Bahrenfeld
Tel. 040/85 80 71
Fax 040/85 80 82
www.saliba.de

Besitzer/Inhaber
Elias Hanna Saliba
Küchenchef
Caghchiona Bouchaib
Öffnungszeiten
Mo–Sa 18–24 Uhr
Ruhetag
So
Reservierung
erwünscht
Kreditkarten
EC-Karte
Kinderkarte
nein
Hauptgerichte
ab € 17,–
Menüs
von € 43,– bis € 46,–
Anzahl der Plätze
100

Das Saliba ist eine wohl einzigartige Adresse in der Hansestadt, auch Fotografen schätzen das Restaurant als exotische Kulisse für Produktionen. Der Vordere Orient beginnt in Bahrenfeld hinter typisch norddeutschen Backsteinmauern: ein Springbrunnen im Eingang, rot-grün-blau schillernder Marmor und dicke Seidenkissen in der Empfangshalle. Tausend und eine Nacht in Hamburg.

Auch kulinarisch ist das Konzept von Hanna Saliba ein Unikum und die Mazza, die syrische Vorspeise in unzähligen Variationen, legendär. Es gibt sie ab zwei Personen in Verbindung mit einem Hauptgang. In mehr als einem Dutzend Schälchen offenbaren sich die kleinen Köstlichkeiten wie zum Beispiel Tabouleh (Petersiliensalat mit Burghul), Walnuss-Paprika-Creme, Kichererbsenpüree (Humus) oder diverse Gemüsehäppchen. Als Hauptgang gab es Lamm, diesmal Lahme bi Gibneh, dünne, perfekt gebratene Lammrückenfilets auf einer Schafskäse-Basilikumsauce, dazu Basmatireis und Möhren, Lauch und Zucchini. Unverzichtbar zum Schluss eines gelungenen Menüs: Halawiat, Zimteis mit orientalischen Gebäckspezialitäten. Und nach dem Essen lädt ein Diwan mit weichen Kissen im Salon noch zum Digestif.

Die Weinkarte bietet eine Reihe ansehnlicher Weine aus Italien und Frankreich, aber auch spannende Tropfen aus dem Libanon.

Feinschmecker-Küche, italienisch

San Michele
Englische Planke 8
20459 Hamburg/Neustadt
Tel. 040/37 11 27
Fax 040/37 81 21
www.san-michele.de

Besitzer/Inhaber
Francesco Bianca
Küchenchef
Andrea Cacace
Öffnungszeiten
täglich 12–23 Uhr
Reservierung
erwünscht
Betriebsferien
in den Hamburger
Sommerferien
Kreditkarten
EC-Karte, Amex,
Diners, Eurocard, Visa
Spezialität des Hauses
neapolitanische Fisch-
suppe
Mittagstisch
ab € 10,–
Kinderkarte
nach Wunsch des
Kindes
Hauptgerichte
ab € 20,–
Menüs
von € 20,– bis € 35,–

Das Ambiente ist so nobel, wie man es hier am touristischen Brennpunkt „Michel" eigentlich nicht erwartet: Stilmöbel, lange Tischdecken, schwere Servietten, Platzteller. Die opulente Blumendekoration schafft südliches Flair. Unter dem Leitmotiv „La cucina dei gusti perduti" (die Küche der verlorenen Geschmäcker) bietet das Restaurant neben Klassikern wie Ossobuco oder Kalbsfilet mit Gorgonzola seinen Gästen nostalgische Gerichte einer noch unverfälschten und von modischen Einflüssen unverdorbenen Cucina Casalinga (Hausmannskost). Die meisten dieser Rezepte stammen aus Ligurien, von der amalfitanischen Küste, aber auch aus den Abruzzen, den Marken und Apulien. Hierzu gehören Brokkoliröschen in Rotwein geschmort mit Pecorino, gegrillte Polenta mit Schmorgemüse, Stockfisch mit Kichererbsen und Mangold (ein typisches Essen der Hafenarbeiter Genuas) oder Kaninchenkeule in Schokoladensauce. Spezialitäten sind auch die zahlreichen hausgemachten Pastaformen wie Scialatelli aus Neapel oder Lagane aus Apulien. Die Weinkarte bietet neben einer guten Auswahl italienischer Weine aus allen wichtigen Anbaugebieten auch zahlreiche edle Tropfen anderer Provenienz, u. a. aus Deutschland, Österreich, Frankreich oder der Neuen Welt. Wer es lieber einfacher mag, der ist im Bistro Michellino im Souterrain gut aufgehoben. Dort gibt's frisch gezapftes Bier und köstliche Pizzen.

Anzahl der Plätze
56
Besonderheiten
**Italienisch-Sprach-
kurse mit einem
gemeinsamen Essen**

Deutsch

Schlachterbörse

Kampstraße 42
20357 Hamburg/St. Pauli
Tel. 040/43 65 43
Fax 040/430 13 34
www.schlachterboerse.de

Besitzer/Inhaber
Margit und Wolfgang
Süße
Öffnungszeiten
Mo–Fr 12–1 Uhr
Sa 17.30–1 Uhr
Ruhetag
So
Reservierung
erwünscht
Kreditkarten
EC-Karte, Amex,
Eurocard, Visa
Spezialität des Hauses
Fleisch von besonde-
rer Qualität
Mittagstisch
ab € 9,–
Kinderkarte
ja
Hauptgerichte
ab € 15,–
Menüs
von € 26,– bis
€ 39,–
Anzahl der Plätze
100 im Restaurant
20 auf der Terrasse
Besonderheiten
Parkplätze auf dem
Schlachthof: Lager-
straße, Tor 1

Die Schlachterbörse ist eine Institution, und das liegt nicht daran, dass das Haus bereits eine über hundertjährige Geschichte aufzuweisen hat. Der Standort ist Programm: Der „Fleisch-Tempel" liegt in der Kampstraße direkt neben dem Schlachthof.

Als Wolfgang Süße die Schlachterbörse vor rund 30 Jahren übernahm, war sie noch eine Stammkneipe für die Metzger. Der gelernte Hotelkaufmann erweiterte das Angebot um große, gebratene Fleischstücke, um Wein und Champagner und begrüßte bald auch viele Prominente. Noch heute gilt der Leitspruch: „Best Steak in Town".

Die Speisekarte ist ein Klassiker und bietet neben klarer Oxtailsuppe mit Sherry eine Reihe von Vorspeisen wie Tatar-Häppchen oder hausgebeizten Lachs und einige Zwischengerichte wie Kalbsbries auf Blattsalat. Für Fleisch-Verweigerer gibt es Fischvariationen wie Scampi in Chablis. Die Liste der Steaks indes ist lang und reicht von Kassler auf Sauerkraut oder Karbonade über ein 500 Gramm schweres Porterhouse-Steak bis zum Filet „Café de Paris". Die Portionen sind großzügig kalkuliert und die Preise auch.

In der Schlachterbörse löscht Bier den Durst, es gibt aber auch eine gut sortierte Weinkarte.

Deutsch

Schmitz

Maria-Louisen-Str. 3
22301 Hamburg/Winterhude
Tel. 040/48 41 32

Perfekte Bratkartoffeln zuzubereiten ist kein leichtes Unterfangen, das beweisen regelmäßig entsprechend gegenteilige Beispiele. Die Perfektion dieser Kunst hat das Schmitz allerdings einst berühmt gemacht. Presseleute und Büromenschen wechselten dafür sogar mittags die Stadtteile. Auch heute noch gibt es hier hervorragende Bratkartoffeln und gute bodenständige Küche – allerdings auch einiges mehr.

Klassiker wie „Matjes Royal", Tafelspitz und Wiener Schnitzel werden von den guten Bratkartoffeln begleitet und stehen einträchtig mit französisch und italienisch beeinflussten Gerichten auf der sonst norddeutsch-österreichischen Speisekarte. So gibt es außerdem Gänsestopfleber mit Trüffeln oder Cappelini mit Gambas, Chili und Knoblauch.

Das Menü an den blank gescheuerten Tischen beginnt mit Ciabatta und Butter. Es folgen Büsumer Krabben mit Kräuterrührei, Ravioli mit Ricotta in Sahne mit Pilzen und Kräutern. Als Hauptgang gibt es eine halbe Vierländer Ente, kross gebraten und mit reichlich Fleisch.

Das Schmitz ist noch immer eine gute Adresse für solide Genüsse.

Besitzer/Inhaber
Klaus Platzer
Küchenchef
Klaus Platzer
Öffnungszeiten
So–Fr 12–15 Uhr
u. 18–24 Uhr
Reservierung
erwünscht
Kreditkarte
EC-Karte, Amex
Kinderkarte
nein
Hauptgerichte
ab € 15,–
Anzahl der Plätze
45

Gourmet-Tipp, Aussicht, schönes Ambiente

Seven Seas

Süllbergsterrasse 12
22587 Hamburg/Blankenese
Tel. 040/86 62 52 0
Fax 040/86 62 52 12
www.suellberg-hamburg.de

Besitzer/Inhaber
Karlheinz Hauser
Küchenchef
Karlheinz Hauser,
Ulrich Heimann
Öffnungszeiten
Mi–So 18.30–23 Uhr
Ruhetag
Mo u. Di
Kreditkarten
EC-Karte, Amex,
Diners, Euro, Visa
Spezialität des Hauses
„Wagyu" Kobe Beef
mit Kräutern, Bur-
gundersauce und
Essiggemüse,
Kabeljau auf Haricot
Coco Bohnen, Chorizo
und Pimientos
Hauptgerichte
von € 28,– bis
€ 34,–
Menüs
von € 76,– bis
€ 118,–
Kinderkarte
auf Anfrage
Anzahl der Plätze
50 im Restaurant
50 auf der Terrasse

Um es gleich vorwegzunehmen: Karlheinz Hauser ist, wie es wohl nicht anders zu erwarten war, auch in der Hansestadt ein perfekter Gastgeber. Und das gleicht fast einem Kunststück bei dem Ansturm, den der Süllberg schon kurz nach seiner Eröffnung erlebte: Bei den Gästen hat längst das Ringen um die Plätze mit der besten Sicht begonnen, die hier, hoch oben über der Elbe, wirklich einmalig ist. Kaum ein Wochenende, an dem nicht in Hamburgs schönstem Ballsaal gefeiert wird – auch im Bankettbereich ist Hausers Crew begehrt.

Mit dem Gourmet-Restaurant Seven Seas hat Hamburg eine neue gastronomische Spitzenadresse der Extraklasse. Und Hausherr Karlheinz Hauser lässt keine Zweifel, wohin er will: ganz nach oben. Das Team um Küchenchef Ulrich Heimann sowie die äußerst umsichtige Service-Crew, die den Gast perfekt, aber zurückhaltend umsorgt, machen den Abend in dem maximal 50 Plätze bietenden Restaurant zu einem Erlebnis. Die Tische sind großzügig mit festlichem Silber eingedeckt und mit Kristallleuchtern und Blumen geschmückt, manche verfügen sogar über spezielle Halterungen für Taschen. Spiegel an den Wänden streuen das Licht.

Zum exklusiven Ambiente passt Hausers große Küche, die mit Raffinesse und Details überzeugt – über alle Gänge hinweg. Im Seven Seas gab es zu Beginn ausschließlich Menüs, mittlerweile lässt Hauser aber auch à la carte servieren. Bei den Menüs können die Gäste zwischen verschiedenen Variationen vom Empfehlungsmenü „Classic" bis zum „Seven Seas Degustationsmenü" wählen.

Nach einem doppelten Gruß aus der Küche folgte eine bretonische Rotbarbe, die besser nicht gelingen kann, auf Salat von weißen Bohnen, Jamon Jabugo und Calamaretti.

Dass Kaninchen alles andere als eine simple Angelegenheit sein kann, bewies die folgende Variation aus Velouté von Beluga-Linsen mit Dreierlei vom Kaninchen. Herbstlich und perfekt kombiniert war der Steinbutt mit Steinpilzen, gebraten auf Rahmartischocken, eher mediterran und ausgezeichnet der St. Pierre unter der Pinienkruste mit Ratatouille fumet. Besonders seine Hamburger Gäste beglückt Hauser mit einer seiner Spezialitäten, dem butterzarten Rehrücken in der feinen Brotkruste mit köstlich getrüffelter Gänseleber, Wirsing und Sellerieflan.

Die Desserts wie Papaya-Mango-Törtchen auf gebratener Viktoria-Mini-Ananas mit Zitronengraseis, die unter der Regie des hochgelobten Patissiers Stephan Franz entstehen, bieten höchsten Genuss.

Die Weinauswahl, die unter der Führung von Restaurantleiter René Baumgart auf allerhöchstes Niveau wachsen soll, enthält auch zahlreiche gute offene Weine.

Neben dem Bistro (siehe Seite 124/125) gibt es im Sommer einen Terrassenbereich mit Biergarten und Selbstbedienungspavillon mit unkomplizierten Gerichten.

Feinschmecker-Küche, italienisch

Sgroi

Lange Reihe 40
20099 Hamburg/St. Georg
Tel. 040/28 00 39 30
Fax 040/28 00 39 31
www.sgroi.de

Besitzer/Inhaber
Anna Sgroi
Küchenchef
Anna Sgroi
Öffnungszeiten
Di–Fr 12–14.30 Uhr
u. 19–22 Uhr
Mo u. Sa 19–22 Uhr
Ruhetag
So
Kreditkarten
EC-Karte, Eurocard,
Visa
Spezialität des Hauses
Steinpilzrisotto mit
Blaubeeren,
Zicklein aus dem Ofen
mit Auberginen-Kar-
toffel-Törtchen
Hauptgerichte
ab € 20,–
Menüs
von € 50,– bis
€ 65,–
Kinderkarte
nein
Anzahl der Plätze
38 im Restaurant
20 auf der Terrasse

Ungeduldig hat ihre Fangemeinde auf den Startschuss gewartet. Anna Sgroi, italienische Vorzeigeköchin der Stadt, hat endlich ihr eigenes Lokal eröffnet. Dass sie es nach sich benannt hat, soll auch nach außen signalisieren, dass hier alles so ist, wie Anna es seit Jahren wollte. Mit dem Sgroi an der Langen Reihe ist sie nach dem Ende des Eppendorfer Edel-Italieners Anna e Sebastiano und der Trennung vom Vero endlich angekommen.

In minimalistisch edlem Ambiente überzeugt Anna Sgroi durch Qualität und Niveau. In dem 35 Plätze umfassenden Restaurant präsentiert die wöchentlich wechselnde Karte Köstlichkeiten aus Annas Heimat. Das Niveau bleibt wie erwartet hoch, das deuten schon die Preise an. Perfekt abgestimmt war der Salat aus Quetschkartoffeln, Rucola und mariniertem Tunfisch. Auch gut, aber sanfter im Aroma der Toscanische Salat von weißen Bohnen und wilden Garnelen mit Koriander. Die Größe der Portionen erlaubt auch figurbewussten Essern ein Zwischengericht, auf das man nicht verzichten sollte. Empfehlenswert war das ausgesprochen schmackhafte Risotto mit Steinpilzen und Blaubeeren. Die ausgelöste Bressetaube mit Polenta und Steinpilzen glänzte mit wunderbaren herbstlichen Aromen. Saftig im Fleisch war das gebratene Filet vom Loup de Mer mit Kräutern und gedünstetem Gemüse. Die Dessertkarte ist mindestens einen Blick wert und bietet Köstlichkeiten wie Crêpe-Torte von Birnen mit Rotweinfeigen. Die Weinkarte enthält eine überschaubare, aber gute Auswahl mit einigen ordentlichen offenen Weinen.

Japanisch

Shiki

Düsternstraße 1
20355 Hamburg/Neustadt
Tel. 040/36 36 11
Fax 040/36 31 00

Die deutsch-japanische Verbundenheit hat in Hamburg Tradition, und so wundert es nicht, dass sich das Restaurant Shiki in der Düsternstraße großer Beliebtheit erfreut. Und weil es auch noch direkt neben dem japanischen Zentrum liegt, sind die dunklen Holztische zumeist überwiegend mit Japanern besetzt, die hier die authentische Küche ihrer Heimat genießen. Für abends sollte man in dem modern und betont schlicht eingerichteten Restaurant also rechtzeitig reservieren.

Im Shiki, was übersetzt vier Jahreszeiten heißt, gibt es für die Liebhaber der kleinen Reisröllchen eine eigene Sushi-Bar. Auf der Speisekarte erleichtern Abbildungen von vielen Gerichten die Zusammenstellung des Menüs. Offeriert werden neben einer großen Sushi- und Sashimi-Auswahl auch andere Klassiker der japanischen Küche wie Tempura oder Sukiyaki. Mini-Menüs bieten Rindfleisch mit Sojasprossen, Spinat mit Sesam, Miso-Suppe und Mixed Pickles an.

Der Service ist ausgesprochen freundlich, aufmerksam und schnell.

Besitzer/Inhaber
Hiroshi Sasaki
Küchenchef
Atsushi Sugimoto
Öffnungszeiten
Mo–Sa 12–14 Uhr
u. 18.30–22.30 Uhr
Ruhetag
So u. feiertags
Reservierung
erwünscht
Kreditkarten
EC-Karte, Amex,
Diners, Eurocard, Visa
Mittagstisch
ja
Kinderkarte
nein
Hauptgerichte
ab € 12,–
Menüs
von € 37,– bis € 62,–
Anzahl der Plätze
70

Stocker
Max-Brauer-Allee 80
22765 Hamburg/Altona
Tel. 040/38 61 50 56
Fax 040/38 61 50 58
www.restaurant-stocker.de

Besitzer/Inhaber
Manfred Stocker
Küchenchef
Manfred Stocker
Öffnungszeiten
Di–Fr 11.30–14.30
Uhr
Di–So ab 18 Uhr
Ruhetag
Mo
Betriebsferien
die ersten zwei
Wochen im Januar
Reservierung
erwünscht
Kreditkarten
EC-Karte, Amex,
Diners, Eurocard, Visa
Spezialität des Hauses
Wiener Tafelspitz mit
Apfelkren, Schnitt-
lauchsauce, Rahm-
spinat und Röstkar-
toffeln
Mittagstisch
ab € 9,–
Kinderkarte
nein

Wer das erste Mal das Stocker besucht, staunt zumeist über das fast theatralische Ambiente mit Stuck und Kronleuchter, das durchaus Sinn macht, liegt doch im selben Haus das „Allee Theater". Im Sommer wartet der Österreicher in Altona mit einem weiteren Trumpf auf: Im Hinterhof befindet sich ein malerischer Garten, in dem Manfred Stocker einige Tische unter hohen Bäumen aufstellt.

Mit seiner geradlinigen Wiener Schule hat sich der Koch, der auch im Fernsehen erfolgreich den Löffel schwingt, längst einen Namen gemacht. Darüber hinaus versucht sich Manfred Stocker auch immer wieder erfolgreich an leichten Abweichungen und mediterranen Kreationen. Aber seine Österreich-Küche bleibt ungeschlagen. Und die reicht vom marinierten Tafelspitz mit geriebenem Kren über Blutwurstgröstl und Schulterscherzel (saftig durchzogenes Stück aus der Schulter) bis zum Altwiener Suppentopf und dem legendären Wiener Schnitzel. Es gibt aber auch dann und wann ein Carpaccio vom Pulpo oder Tellersülze vom Steinbutt mit Safran und Fenchel. Als Dessert locken Spezialitäten wie Marillenknödel und natürlich Kaiserschmarrn mit Zwetschgenröster oder Salzburger Nockerl.

Die Weinkarte bietet empfehlenswerte Weiß- und Rotweine von Österreichs besten Winzern, ein paar frische Grüne Veltliner sind auch dabei.

Hauptgerichte
ab € 15,–
Menüs
von € 37,– bis
€ 57,–
Anzahl der Plätze
45 im Restaurant
25 auf der Terrasse

Stock's Fischrestaurant

An der Alsterschleife 3
22399 Hamburg/Poppenbüttel
Tel. 040/602 00 43
Fax 040/602 28 26
www.stocks.de

Besitzer/Inhaber
Heiko Stock, Michael
Bolte
Küchenchef
Heiko Stock, Mario
Meusel
Öffnungszeiten
Di–So 18–23 Uhr
Mo–Fr u. So 12–15
Uhr
So 11–14 Uhr Brunch
Reservierung
erwünscht
Kreditkarten
EC-Karte, Amex,
Eurocard, Visa
Spezialität des Hauses
Stock's Fisch-Vorspei-
sen-Variation,
Bretonischer Hummer
mit Tagliatelle und
Basilikum
Kinderkarte
ja
Hauptgerichte
von € 7,50 (mittags)
bis € 22,– (abends)

Heiko Stock ist von Ellerbek ins Alstertal gezogen und hat sich in dem ehemaligen Dante ein freundliches Domizil im Landhausstil geschaffen. Stammgäste wie hanseatische Neuzugänge treffen dort auf eine helle und freundliche Atmosphäre mit viel Glas, Holz und optisch ansprechenden und bequemen Rattanstühlen.

Am Herd hat Stock die Gradlinigkeit seiner leichten Küche beibehalten. Auf der alle sechs bis acht Wochen wechselnden Karte mit gutem Preis-Leistungs-Verhältnis bietet er seinen Gästen Regionales wie Hamburger Pannfisch, aber auch Sushi als Vorspeisenvariation oder eine Bouillabaisse. Mit einer Fisch-Vorspeisen-Variation präsentierte Heiko Stock gekonnt die Bandbreite seiner Kreativität: Scampi auf Kartoffeln mit Pestosauce, Zander in Wantan und Tomatenmousse oder Red Snapper mit Tempura. Der Bonito, der in zweierlei Arten auf Feldsalat mit Limone angerichtet war, schmeckte sommerlich frisch. Eine gelungene Kombination als Hauptgericht war das Filet vom Steinbeißer auf Steinpilzrisotto – der Fisch perfekt, das Risotto sämig, wie es sein soll. Der gebratene norwegische Lachs auf Rahmspitzkohl wurde mit einer Rotweinbuttersauce zum Überraschungs-Erfolg. Zum Dessert gab es Klassiker wie Hamburger Rote Grütze, aber auch saisonale Leckereien wie gratiniertes Honigparfait mit Maronen und Orangen, wobei die Fülle auf dem Teller am Ende kaum mehr zu bewältigen ist.

Mitinhaber und Restaurantleiter Michael Bolte führt die freundliche Service-Crew mit Übersicht.

Menüs
von € 19,50 (mittags)
bis € 42,– (abends)
Anzahl der Plätze
130 im Restaurant
80 auf der Terrasse

Süllbergterrassen

Süllbergsterrasse 12
22587 Hamburg/Blankenese
Tel. 040/86 62 52 0
Fax 040/86 62 52 12
www.suellberg-hamburg.de

Besitzer/Inhaber
Karlheinz Hauser
Küchenchef
Karlheinz Hauser,
Andreas Gullich
Öffnungszeiten
Mo–So 7.30–23 Uhr
Kreditkarten
EC-Karte, Amex,
Diners, Eurocard, Visa
Spezialität des Hauses
Chili Tiger Prawns mit
marinierter Mango
und Wasabi auf asiati-
schem Salat,
Kabeljau auf Blatt-
spinat mit Senfsauce
Mittagstisch
ab € 14,–
Hauptgerichte
ab € 14,–
Menüs
von € 23,– bis
€ 53,–
Kinderkarte
auf Anfrage
Anzahl der Plätze
100 im Restaurant
450 auf der Terrasse

Der Blick ist ähnlich spektakulär, und die Küche ist ebenso gut, wenn natürlich anders: Wer die Kochkünste von Karlheinz Hausers Team kennen lernen, aber nicht im Gourmet-Restaurant Seven Seas speisen möchte, ist im Bistro Süllbergterrassen des traditionsreichen Komplexes gut aufgehoben. Die Einrichtung ist schlichter, aber trotzdem gemütlich, und im Sommer lädt die Terrasse zum Genuss unter freiem Himmel ein.

Die Gerichte auf der Karte sind in Qualität und Geschmack auf sehr gutem Bistro-Niveau. Würzig und aromatisch waren die Variationen von der Wachtel, schmackhaft war die Sülze mit hervorragenden Bratkartoffeln. Sehr gut auch der fangfrische Kabeljau auf Blattspinat mit Dijon-Senfsauce und butterzart das Entrecôte.

Auch vor dem Süllberg machen die asiatischen Einflüsse nicht halt: Chili Tiger Prawns mit marinierter Mango und Wasabi gibt es auf asiatischem Salat, ein Sashimi und Tatar von Tunfisch mit „spicy" Limonendressing und Koriander findet sich ebenfalls auf der Karte. Einen Gegenpol bildet „Karlheinz Hauser's Etagere" mit Büsumer Krabben, Aal und zweierlei Lachs. Köstlich sind die Desserts, die Chef-Patissier Stephan Franz verantwortet. Gute Weinkarte aus Europa und Übersee mit einigen ungewöhnlichen Tropfen.

Tafelhaus

Holstenkamp 71
22525 Hamburg/Bahrenfeld
Tel. 040/89 27 60
Fax 040/899 33 24
www.tafelhaus.de

Besitzer/Inhaber
Christian Rach
Küchenchef
Robert Wullkopf,
Christian Rach
Öffnungszeiten
Di–Fr 12–15 Uhr
Di–Sa 19–24 Uhr
Ruhetag
So u. Mo
Betriebsferien
3 Wochen in den Hamburger Sommerferien, ca. 10 Tage Anfang Januar
Reservierung
erwünscht
Kreditkarten
EC-Karte, Amex, Diners, Eurocard, Visa
Spezialität des Hauses
Bretonischer Hummer auf Kamillenblütengelee und Kopfsalat, Kabeljau mit Orangenaroma und Rotweinbutter

Wenn man sich von dem viel befahrenen Holstenkamp entfernt, den Verkehrslärm hinter sich lässt und den fast mediterran anmutenden Garten des Tafelhauses betritt, glaubt man sich nicht mitten in Bahrenfeld. Aber mediterranes Lebensgefühl kommt auch im Inneren des Restaurants auf, das mit hellen Wänden, angenehmen Farben und deckenhohen Türen zum Verweilen einlädt.

Christian Rach weiß, was die Gäste schätzen, nicht umsonst sollte man im Tafelhaus rechtzeitig reservieren. Nicht nur die Einrichtung seines Restaurants, sondern auch seine Küche ist auf leichte Genüsse ausgelegt. Rach, der Perfektionist ist, verzichtet auf Schnörkel und Überladenes. Er lässt die Produkte und Aromen für sich selbst sprechen. Dabei zeigt er sich stets aufs Neue kreativ, variiert die Zubereitungsarten, ohne übermäßig experimentell zu werden.

Und das liest sich zum Beispiel so: Schaschlik vom Kaninchen mit Taboulehsalat, Auberginensuppe mit kleinen Jakobsmuscheln, gegrillter Schwertfisch auf weißem Bohnenpüree und Rotweinsauce, Tomatenrisotto mit Rotbarsch, Hummer und Rucolapesto, Kalbsrücken mit Pfifferlingstarte und Blauschimmelsauce und zum Schluss Blaubeerpfannkuchen mit Honig-Lavendeleis. Auch wer alle sechs Gänge des Abendmenüs bestellt, kämpft nicht mit einer unnötigen Völlerei, sondern beschließt in wohlig satter Zufriedenheit.

Aromatisch war auch der Avocadosalat mit Birnen, Pinienkernen und perfekt gebratenen Jakobsmuscheln, sehr gut das Holsteiner Rehfilet mit herausragenden Sellerieravioli. Dass Christian Rach auch das rustikale Handwerk versteht, beweisen beispielsweise die ausgezeichneten Königsberger Klopse mit Gemüse als Mittagstisch.

Der Service ist ebenso perfekt wie die Küche – wie es sich für ein Haus dieser Klasse gehört: Der Gast wird aufmerksam, aber locker umsorgt. Die Weinkarte hält mancher für die beste der Stadt. Gute bis exzellente Tropfen enthält sie allemal, darunter auch sehr gute deutsche Gewächse. Aber auch Weine aus Frankreich oder der Neuen Welt, aus Italien und Spanien sind zu finden. Der Sommelier berät gern und kundig.

Mittagstisch
Tagesgericht ab € 13,–, Tagesmenü ab € 35,–
Kinderkarte
nein
Hauptgerichte
ab € 24,–
Menüs
von € 49,– (3 Gänge) bis € 80,– (6 Gänge)
Anzahl der Plätze
35 im Restaurant (à la carte), bei Veranstaltungen bis ca. 70 ca. 25 auf der Terrasse

Chinesisch

Tao

Poststraße 37
20354 Hamburg/Innenstadt
Tel. 040/34 02 30
Fax 040/35 19 79

Besitzer/Inhaber
Swan Tedjakusuma
Küchenchef
Rin-Mi King
Öffnungszeiten
Mo–Sa 12–15 Uhr
u. 18–23 Uhr
Ruhetag
So
Kreditkarten
EC-Karte, Amex,
Diners, Master, Visa
Mittagstisch
ab € 12,–
Hauptgerichte
ab € 16,–
Menüs
von € 30,– bis
€ 50,–
Anzahl der Plätze
46

Wer das Tao finden will, muss zunächst suchen – fast versteckt, zumindest aber unscheinbar liegt der Eingang an der Ecke der Poststraße inmitten des Passagenviertels. Aber die Suche lohnt sich: Weiße Decken und feines Porzellan warten im Inneren, in dem statt des Amuse gueule heiße Frotteetücher serviert werden, damit der Gast sein Mahl mit einer entspannenden Erfrischung beginnt.

Die Speisekarte ist klein und konzentriert sich auf Wesentliches, zum Beispiel Crispy Spring Rolls, gefüllt mit Gemüse und/oder mit Schweinefleisch und mit zwei Saucen serviert. Als Hauptgänge stehen beispielsweise King Prawns in Curry-Kokosnusssauce oder Curry-Chili-Chicken zur Wahl. Gut sind die Hummer-Klassiker wie Spicy Ginger Lobster à la Tao.

Die Weinkarte enthält rund ein Dutzend respektable Flaschen von renommierten Weingütern.

Schönes Ambiente, international

Ticino

im Dorint Hotel
Alter Wall 40
20457 Hamburg/Innenstadt
Tel. 040/369 50 29 65
Fax 040/369 50 10 00
www.dorint.com

Freunde edlen Designs kommen im Ticino auf ihre
Kosten: grau-schwarzes Ambiente, reduzierter Blumen-
schmuck, ästhetisch-coole Atmosphäre und zurückhalten-
de Akzente zeichnen das Restaurant im Dorint Hotel aus.
Die Küche präsentiert sich mediterran und leicht, mit
europäischen und asiatischen Elementen, eine Variation
des zeitgemäßen kulinarischen Stil-Mix. Klassiker bleiben
allerdings unangetastet: geeiste Melonensuppe mit Hummer, Lammcarré unter der Thymiankruste, Leipziger Aller-
lei mit Flusskrebsen, Morcheln und Krebssauce oder auch
die Crème brûlée. Manchmal allerdings werden sie auch
neu interpretiert, etwa als Matjesgeröster mit Wachtelspie-
gelei, als Caesar's Salad mit Shrimps, Seeteufel unter der
Zitronen-Kapern-Haube mit grünem Spargelrisotto. Gut
war auch das Tunfischcarpaccio mit Rettich-Ingwer-Salat.
Der Schwerpunkt der rund 180 Positionen umfassenden
Weinauswahl liegt auf Deutschland und Frankreich.

Besitzer/Inhaber
Dorint AG
Küchenchef
Sascha Baum
Öffnungszeiten
täglich 18–23 Uhr
Reservierung
erwünscht
Kreditkarten
EC-Karte, Amex,
Diners, Euro, Visa
Spezialität des Hauses
Entenbrust auf Oran-
gen-Chutney
Kinderkarte
ja
Hauptgerichte
ab € 19,–
Menüs
von € 41,– bis
€ 60,–
Anzahl der Plätze
60

International

top air

Hamburg Airport, Terminal 4
22335 Hamburg/Fuhlsbüttel
Tel. 040/50 75 33 27
Fax 040/50 75 18 42
www.woellhaf-airport.de

Besitzer/Inhaber
C. Wöllhaf Gastro-
service GmbH
Küchenchef
Richard F. Abrolat
Öffnungszeiten
Mo–Fr 12–21 Uhr
So 12–20 Uhr
Ruhetag
Sa
Reservierung
erwünscht
Kreditkarten
EC-Karte, Amex,
Diners, Eurocard, Visa
Spezialität des Hauses
Kabeljaufilet mit
Büsumer Krabben
Vinaigrette
Mittagstisch
ja
Kinderkarte
nein
Hauptgerichte
ab € 13,50
Menüs
von € 27,– bis
€ 55,–
Anzahl der Plätze
25

Dass ein Flughafenrestaurant auch hohen Ansprüchen standhält, kommt nicht oft vor, in Hamburg dagegen hat es das top air immerhin zu 14 Punkten im Gault Millau gebracht. Hier oben in luftiger Höhe, auf Ebene drei am Hamburg Airport, lassen sich deshalb auch nicht nur Vielflieger während eines Zwischenstopps nieder. An 35 Plätzen sitzen die Gäste an fein eingedeckten Tischen und beobachten den Trubel in der Abfertigungshalle.

Und was die Crew von Küchenchef Richard F. Abrolat serviert, das kann sich durchaus sehen lassen. Geräucherter Babyaal mit herbstlichem Salat zum Beispiel. Ein gelungener Start sind auch die gebratenen Wachtelbrüstchen und Gänseleber mit gesalzenem Baumkuchen. Fisch wie Fleisch sind gleichermaßen empfehlenswert, darunter der obligatorische gebratene Zander, hier auf rosa Linsengemüse angeboten, weißer Heilbutt und Jakobsmuschel auf Spinatrisotto, aber auch geschmorte Kaninchenkeule auf Pommery-Senf-Sauce. Als Abschluss empfiehlt sich zum Beispiel die pochierte Mokkabirne mit Mandel-Safran-Crème und Apfelsorbet.

Der Service ist freundlich und zurückhaltend. Die Weinkarte umfasst etwas mehr als 100 Positionen.

Chinesisch

Tsao Yang

im Hotel Atlantic
An der Alster 72-79
20099 Hamburg/St. Georg
Tel. 040/28 00 41 88
Fax 040/24 71 29

Im Tsao Yang, dem neuen Edel-Chinesen im Hotel Atlantic, ist die Orientierung einfach – alle Gerichte sind, wie man es gemeinhin von asiatischen Restaurants kennt, mit Nummern versehen. Bei der Einrichtung hat Betreiber Philippe Bloch streng nach Feng-Shui-Richtlinien auf Purismus gesetzt: Das Restaurant präsentiert sich in schlichtem Weiß, nur Vasen, Lampen und die Fische in dem großen Aquarium am Eingang setzen Farbakzente. Mit dem Tsao Yang soll eine authentische chinesische Küche auf hohem Niveau angeboten werden. Die Preise sind entsprechend. Die Speisen bilden eine Mischung aus Bekanntem und neuen Kreationen, etliches aber doch mit Zugeständnissen an den europäischen Gaumen. Bei den Vorspeisen reicht der Mix von Frühlings- und Herbströllchen bis zu Mushi, klein geschnittenem Fleisch von Hummer und Garnelen mit Pinienkernen und Pilzen. Gut waren die Lachs-Dim Sum, die, statt wie angekündigt, nicht gebraten, sondern gedämpft serviert wurden, was ihnen eindeutig besser bekam. Die Jakobsmuscheln waren mit frischem Ingwer zubereitet. Die Empfehlung des sehr engagierten Services erwies sich als gut: zartes und würziges Hühnerfilet – aromatisch und mit einer angenehmen Schärfe. Zu allen Gerichten müssen Reis und Gemüse extra bestellt (und bezahlt) werden. Die Dessertauswahl ist Standard, aber auch „karamellisierte Köstlichkeiten vom Sesam" oder süße Frühlingsrolle von Kokos und Erdnuss stehen auf der Karte.

Die Weinkarte profitiert vom Atlantic-Keller und ist deshalb für einen Chinesen ausgesprochen gut.

Besitzer/Inhaber
Philippe Bloch
Küchenchef
Jian Xi Liang
Öffnungszeiten
täglich 12–15 Uhr u.
18–23 Uhr
Kreditkarten
EC-Karte, Amex,
Eurocard, Visa
Spezialität des Hauses
Mushi von Hummer
und Garnelen
Mittagstisch
ab € 23,–
Hauptgerichte
ab € 13,50
Menüs
von € 37,– (5 Gänge)
bis € 42,– (8 Gänge)
Kinderkarte
kleine Portionen
erhältlich
Anzahl der Plätze
85 im Restaurant
ab nächstem Jahr
auch Terrasse

Japanisch

Wa-Yo

im Hotel Nippon
Hofweg 75
22085 Hamburg/Uhlenhorst
Tel. 040/227 11 40
Fax 040/227 11 490
www.nippon-hotel-hh.de

Besitzer/Inhaber
Dörte Pätow
Küchenchef
Tobe Nobuyuki
Öffnungszeiten
Di–So 18–23 Uhr
Ruhetag
Mo
Betriebsferien
24.12.–2.1.
Reservierung
erwünscht
Kreditkarten
EC-Karte, Amex,
Diners, Eurocard,
Visa, JBC
Spezialität des Hauses
Sushi
Kinderkarte
nein
Hauptgerichte
ab € 16,–
Menüs
von € 38,– bis
€ 65,–
Anzahl der Plätze
55

Begehrter Anlaufpunkt für Liebhaber der japanischen Küche ist das Wa-Yo am Hofweg. Die Räume im Hotel Nippon sind hell und freundlich eingerichtet, in modernem japanischem Look mit hellem Holz in angenehmem Ambiente.

Hierher kommen deutsche wie japanische Gäste nicht nur wegen der guten Sushi- und Sashimi-Variationen, die vornehmlich traditionell an der langen Sushi-Bar eingenommen werden. Auch andere japanische Gerichte sind einen Versuch wert. So gibt es natürlich die Misosuppe als Einstand, vielleicht gefolgt von Gyoza, das sind Fleischtaschen in Reisteig. Auch Ikuraoroshi, Lachsrogen, steht auf der Karte, ebenso wie Sunomono, was Gemüse und Fisch süßsauer bedeutet. Die Dessertauswahl war mit mehr als zehn Variationen vielfältig, darunter zum Beispiel Mango To Aisu, Mangoscheiben mit Vanille-Eis.

Das freundliche internationale Servicepersonal hilft gern bei Fragen zu manch nicht hinlänglich bekanntem Gericht.

Feinschmecker-Küche, Aussicht

Windows

im Hotel InterContinental
Fontenay 10
20354 Hamburg/Pöseldorf
Tel. 040/41 42 – 25 31
Fax 040/41 42 – 23 99
www.windows-hamburg.de

Bastian Rau, der im Seehotel Töpferhaus stellvertretender Küchenchef und im Wollenberg Sous-Chef war, führt die kulinarische Regie im Hotel InterContinental und hat im Restaurant Windows bemerkenswerte Akzente gesetzt.
Nach Käsegebäck und vier verschiedenen Brotsorten weckte die Zucchini-Blüte in Tempura auf Kaisergranat als Gruß aus der Küche hohe Erwartungen, die später nicht enttäuscht wurden. Neben kalten Vorspeisen wie marinierten Kalbskopfscheiben mit Langustinen und Trüffelkrokette gab es auch warme Variationen wie Flusskrebse in Riesling-Dillsud oder getrüffeltes Lauchrisotto mit gebackenem Kalbsbries. Der Salat vom halben bretonischen Hummer mit grünem Spargel und marinierten Kartoffeln war ein gelungener Einstieg und wurde von rotem und weißem Portweinschaum perfekt begleitet. Gebratenen Jakobsmuscheln mit gebackenem Wachtelei im aromatischen Bärlauchsud folgte ein wunderbar kross gebratenes Filet vom Heilbutt mit Tomaten-Basilikum-Fondue und Linsen. Auch das Filet vom Charolais-Rind mit frischen Morcheln und weißem Spargel war butterzart und perfekt abgestimmt.
Wer nach einem Dessert wie gebackener Gewürzbirne im Blätterteig mit Williamssabayon oder einer hervorragenden Crème brûlée mit Himbeeren und Vanilleeis weiterhin Lust auf Süßes hat, darf von einem der vier Kuchen probieren, die zum Kaffee serviert werden.
Der Service agiert zuvorkommend und angenehm unauffällig, auf Empfehlungen darf man sich getrost verlassen.

Besitzer/Inhaber
InterContinental
Hamburg
Küchenchef
Bastian Rau
Öffnungszeiten
Mo–Sa 18–24 Uhr
22.30 Uhr: Küchen-
annahmeschluss
Ruhetag
So
Reservierung
erwünscht
Kreditkarten
EC-Karte, Amex,
Diners, Eurocard, Visa
Spezialität des Hauses
Pauillac Lamm auf
warmem Bohnen-
Olivensalat mit getrüf-
felter Kartoffelterrine
Kinderkarte
ja
Hauptgerichte
ab € 25,–
Menüs
ab € 64,–
Anzahl der Plätze
54 im Restaurant
40 in den Private
Dining Rooms

Aussicht, Promi-Treff, international

Wollenberg

Alsterufer 35
20354 Hamburg/Rotherbaum
Tel. 040/450 18 50
Fax 040/450 18 511

Besitzer/Inhaber
Michael Wollenberg
Küchenchef
Harald Paulus
Öffnungszeiten
Mo–Fr 12–15 Uhr
Mo–Sa 18–5 Uhr
(Küche bis 24 Uhr)
Ruhetag
So
Reservierung
erwünscht
Kreditkarten
EC-Karte, Amex,
Eurocard, Visa
Spezialität des Hauses
Zanderfilet in der
Kartoffelkruste mit
Frühlingslauch und
Pfifferlingen
Kinderkarte
nein
Hauptgerichte
ab € 19,–
Menüs
ab € 45,–
Anzahl der Plätze
75

Michael Wollenberg hat seinem Restaurant am Alsterufer eine Verschönerungskur verpasst und der Speisekarte ebenfalls. Gemütlicher präsentieren sich die Räume in warmen Tönen und mit bequemen Ledersesseln. Die Karte hat er, dem anhaltenden Trend zur leichten Kost folgend, mediterraner gestaltet, einige Klassiker wird es weiterhin geben. Und Wollenberg, das hat er angekündigt, will künftig wieder öfter selbst kochen. Mit Harald Paulus hat er indes einen Küchenchef, auf den er sich schon seit Jahren verlassen kann.

Wer einen Querschnitt durch die neue Paulus-Wollenbergsche Küche erleben will, ist mit dem Degustationsmenü gut bedient. À la carte lockt als Vorspeise zum Beispiel ein aromatisches Carpaccio vom Pulpo mit getrockneten Tomaten und Balsamico. Derzeit auf vielen Karten obligatorisch, hier jedoch besonders fein und cremig war die Variation von der Gänseleber. Neu auf der Karte, simpel, aber köstlich sind die hausgemachten Spaghettini mit Trüffeln im Parmesan serviert. Dafür wird ein ganzer Parmesan im Inneren vorgehobelt, die Nudeln werden in ihm gewendet und anschließend serviert.

Der Hummer als Klassiker ist erhalten geblieben und wird in verschiedenen Varianten serviert, so als Frikassee mit getrüffeltem Kartoffelpüree. Zart und aromatisch war das Holsteiner Lammcarré in der Kräuterkruste auf Artischocken, glasierten Perlzwiebeln und Thymianjus. Als Dessert darf es dann noch Quarksoufflé mit exotischen Früchten und Champagnereis sein.

Die Weinkarte ist ordentlich bestückt, und auf die Empfehlungen des Teams kann man sich getrost verlassen.

Japanisch

Yamato

Ernst-Merck-Straße 4
20099 Hamburg/St. Georg
Tel. 040/24 79 04
Fax 040/89 18 41

Wo so viele Landsleute mittags wie abends speisen, muss die Küche authentisch und gut sein. Mitten in St. Georg, nur unweit des Hauptbahnhofs, liegt das Restaurant Yamato in der Ernst-Merck-Straße. Schlicht ist schon der Eingang und die Einrichtung nicht minder, so stellt man sich ein einfaches Restaurant in Tokio vor. Viel Holz, kleine Tische und nur das Nötigste an Dekoration. Nichts lenkt die Aufmerksamkeit vom Wesentlichen ab — vom Essen.

Zu den Mittagsgerichten, zum Beispiel Moyashiitame, gebratene und angemachte Sojasprossen, wird eine Misosuppe serviert. Abends ist das Angebot umfangreicher und umfasst Yakitori-Spieße ebenso wie Takosu, Pulpo und Gurke mit Essig angerichtet. Auch Butanoshogayaki, dünne, gegrillte Scheiben vom Schwein mit Ingwer und Reis rechtfertigen den Ausflug in die klassische Küche Japans. Sehr gut und empfehlenswert sind die Sashimi und Sushi, die perfekt zubereitet werden. Auch die berühmten japanischen Fondues gibt es im Yamato, etwa Sukiyaki (mit Rindfleisch) oder Torinabe (mit Gemüse und Hähnchen).

Besitzer/Inhaber
Katsutoshi Iida
Küchenchef
Katsutoshi Iida
Öffnungszeiten
Mo 18–22 Uhr
Di–Fr 12.30–14.30
Uhr u. 18.30–22-30
Uhr
Sa 17–22.30 Uhr
Ruhetag
So
Reservierung
erwünscht
Kreditkarten
keine
Spezialität des Hauses
Sushi, Sashimi, Sukiyaki
Mittagstisch
ab € 8,–
Kinderkarte
nein
Hauptgerichte
ab € 13,–
Anzahl der Plätze
45

Bistro

Zeik

Oberstraße 14 a
20144 Hamburg/Harvestehude
Tel. 040/420 40 14
Fax 040/420 40 16
www.zeik.de

Besitzer/Inhaber
Axel Henkel
Küchenchef
Axel Henkel
Öffnungszeiten
Mo–Fr 12–15 Uhr
u. 18–23 Uhr
Sa Zeik-Markt 10–14
Uhr
Ruhetag
So
Reservierung
erwünscht
Kreditkarten
EC-Karte
Spezialität des Hauses
Wiener Schnitzel mit
Bratkartoffeln und
Salat in Zitronenrahm
Kinderkarte
nein
Hauptgericht
ab € 15,–
Menüs
ab € 20,–
Anzahl der Plätze
70 im Restaurant
60 im Garten

Der Küchen-Mix aus den Anfangstagen, den Axel Henkel vor rund zehn Jahren in seinem Restaurant Zeik prägte, ist heute vielerorts kopiert und zum Standard erklärt. Die Mischung aus mediterraner und japanischer Küche ist in den Grindelhochhäusern allerdings längst zum Klassiker avanciert. Sein Stil hat sich etabliert, ebenso wie das cool-moderne Restaurant, das einst als Exot gehandelt wurde und heute fest in der Hand von Stammgästen und Szene-publikum ist.

Die Reihe der Zeik-Klassiker ist deshalb auch entsprechend lang. Die Königsberger Klopse vom Kalb mit Rote-Bete-Salat, das Wiener Schnitzel, aber auch der japanische Vorspeisenteller gehören zweifellos dazu. Und das Wagyu Kobe Beef, das berühmte Rindfleisch aus Japan, das deshalb so teuer ist, weil die Rinder regelmäßig mit Sake massiert werden und täglich eine Ration Bier bekommen. Auf der Karte finden sich aber auch Gerichte wie Frühlingsrollen von Ente mit zwei Dips, Kabeljaufilet in Meersalzbutter gebraten, Entenbrust mit asiatischem Bratgemüse und Zitronengrassauce oder Quarkknödel auf Beerenkompott.

Der Service ist freundlich und unkompliziert, ebenso wie der Patron und Küchenchef Axel Henkel selbst.

International

Zippelhaus

Zippelhaus 3
20457 Hamburg/Innenstadt
Tel. 040/30 38 02 80
Fax 040/32 17 77
www.zippelhaus.com

Besitzer/Inhaber
Zippelhaus
Gastronomie GmbH
Küchenchef
Dieter Heinz
Öffnungszeiten
Mo–Fr 12–14.30 Uhr
Mo–Sa 18–22.30 Uhr
Ruhetag
So
Reservierung
erwünscht
Kreditkarten
EC-Karte, Amex,
Eurocard, Visa
Spezialität des Hauses
kleine Hummersülze
auf gelbem Löwen-
zahn und Frisée mit
Mangosalsa
Mittagstisch
ab € 14,–
Kinderkarte
nein
Hauptgerichte
ab € 16,–
Menüs
von € 40,– bis
€ 55,–
Anzahl der Plätze
120 (250 Plätze bei
Veranstaltungen)

Das Zippelhaus befindet sich in zentraler Lage gegenüber der Speicherstadt zwischen Spiegel-Hochhaus und Katharinenkirche. Früher beherbergten die historischen Räumlichkeiten mit den gusseisernen Säulen und der alten Holzdecke eine Gewerbedruckerei, heute bieten sie Platz für bis zu 250 Gäste. Die Symbiose des 110 Jahre alten Gebäudes mit modernen Einrichtungselementen und zeitgemäßer Gastronomie ist hier wundervoll gelungen.
Küchenchef Dieter Heinz kocht regionale und internationale Gerichte mit mediterranem und asiatischem Einschlag auf hohem Niveau. Die Tagesempfehlungen oder auch die Monatsmenüs bieten saisonale Speisen, dazu empfiehlt der Service gern exquisite Tropfen der gut sortierten Weinkarte, die rund 40 Weine auch glasweise offeriert. Jeden Freitag- und Samstagabend begleitet am Flügel in der Saalmitte ein Pianist die Kreationen aus der Küche.
In der Vinothek werden ca. 150 Weine angeboten, davon 40 Weine im Ausschank, vorwiegend aus der Neuen Welt. Für den kleinen Hunger bietet die Vinothek eine Extra-Karte.

International

Zum Wattkorn

Tangstedter Landstraße 230
22417 Hamburg/Langenhorn
Tel. 040/520 37 97
Fax 040/520 90 44

Besitzer/Inhaber
Josef Viehhauser,
Maria Altweck
Küchenchef
Gunnar Hinz
Öffnungszeiten
Mi–So 12–14.30 Uhr
u. 18–21.30 Uhr
Ruhetag
Mo u. Di
Reservierung
erwünscht
Kreditkarten
EC-Karte
Mittagstisch
ab € 12,50
Kinderkarte
auf Wunsch
Hauptgerichte
ab € 14,50
Menüs
von € 29,– bis
€ 51,–
Anzahl der Plätze
100 im Restaurant
70 im Garten

Wenn man am Stadtrand liegt, gerät man leicht aus dem Blickfeld des kulinarischen Interesses. Manchmal zu Unrecht wie im Falle des Viehhauser-Ablegers Zum Wattkorn in Langenhorn. In dem historischen Reetdachhaus kocht Gunnar Hinz bereits seit Jahren vorwiegend Regionales in beständiger Form. Die vielen Stammgäste lieben das Potpourri aus Antiquitäten, Puppen und anderen Sammlerstücken in den Räumen.

Gunnar Hinz bietet auf seiner Karte Bodenständiges wie Bratkartoffeln mit deutschem Roastbeef sowie feinere regional geprägte Gerichte wie Parfait von Rauchforelle oder Hasenrücken mit Walnussmantel. Zum Brot wurde vorweg ein Kräuterquark gereicht und als Gruß aus der Küche eine Pastinakensuppe mit Miesmuscheln. Der roh marinierte Tunfisch mit gebratenen Garnelen schmeckte köstlich. Die Lachstranche mit Senfkruste auf Kartoffel-Lauchpüree war solide. Das Rumpsteak vom Freiland-Galloway war in der Portion reichlich bemessen, die weiße Schokoladenmousse zum Nachtisch ordentlich.

Die Weinkarte ist überschaubar, aber mit Sorgfalt ausgewählt.

Die fünf besten Restaurants in Hamburgs Umgebung

Schönes Ambiente, international

Heinsen's Ellerbek

Hauptstraße 1
25474 Ellerbek
Tel. 04101/37 77 0
Fax 04101/37 77 29
www.heinsens.de

Besitzer/Inhaber
Heinz-Gerhard Karp,
Ulrike Carstensen
Küchenchef
Henry Theben
Öffnungszeiten
Di–Fr 12–15 Uhr u.
18–23 Uhr
Sa 18–23 Uhr
So 11–14 Uhr Brunch,
12–15 Uhr (Mittags-
tisch) u. 18–23 Uhr
Ruhetag
Mo
Kreditkarten
EC-Karte, Eurocard,
Visa
Spezialität des Hauses
Lammcarré in Spät-
burgundersauce
Mittagstisch
ab € 5,50
Hauptgerichte
ab € 13,–
Menüs
von € 16,– bis
€ 44,–
Kinderkarte
ja
Anzahl der Plätze
128 im Restaurant
100 auf der Terrasse

Das Haus zählt zu den Kulturdenkmälern der Gemeinde Ellerbek und war als „Gasthof Heins" einst der Mittelpunkt des Dorflebens. In enger Abstimmung mit der Denkmalpflege wurde Mitte der 90er Jahre sichergestellt, dass moderne Materialien und historischer Baustil miteinander harmonieren. Ein alter Pitch-Pine-Boden, weißer Stuck sowie eine Bar aus der Jahrhundertwende wurden mit der offenen Schauküche, edlen Holztischen, Antik-Lederstühlen und Naturstein kombiniert. Daraus ist eine stilvolle und gemütliche Atmosphäre entstanden, die gern für Feierlichkeiten genutzt wird. Bei warmen Temperaturen lädt aber auch die Sommerterrasse zum Genießen unter alten Bäumen.

Am Herd steht Henry Theben, er setzt auf eine international-mediterrane Küche. Das sieht so aus: Eine Bistro-Karte offeriert mittags einige Salat-Variationen, ein Tages-Menü und eine Hand voll Vorspeisen und Hauptgerichte.

Abends lassen ein gutes Fisch- und Fleischangebot keine Wünsche offen. Uns schmeckten besonders gut das gebratene Filet vom Steinbeißer auf Beluga-Linsen mit Weißweinsauce und Butterkartoffeln sowie das Filetsteak unter der Olivenkruste mit Paprika-Gnocchi. Als süßer Abschluß lockte die Ellerbeker Rote Grütze, die Henry Theben mit Honig-Ingwer-Eis serviert.

Die Weinkarte ist übersichtlich und gut kalkuliert, die Schwerpunkte liegen auf deutschen, italienischen und französischen Weinen sowie einigen Tropfen aus der Neuen Welt. Küche und umsichtiger Service sorgen dafür, dass sich der Gast in Ellerbek wohl fühlt.

Schönes Ambiente, deutsch

Herbstprinz

Osterjork 76
21635 Jork
Tel. 04162/74 03
Fax 04162/57 29
www.Herbstprinz.de

Besitzer/Inhaber
Familie Scholz
Küchenchef
Harald Scholz
Öffnungszeiten
Di–Fr 11.30–15 Uhr
u. 17.30–22 Uhr
Sa, So u. feiertags
11.30–22 Uhr
Ruhetag
Mo
Betriebsferien
2 Wochen Anfang
Januar
Kreditkarten
EC-Karte, Eurocard,
Visa
Spezialität des Hauses
Altländer Hochzeits-
suppe
Mittagstisch
ab € 11,–
Kinderkarte
ja
Hauptgericht
ab € 11,–
Menüs
von € 17,– bis
€ 33,50
Anzahl der Plätze
80 im Restaurant
80 im Garten

Zu den beliebtesten Sommervergnügungen automobiler Hamburger gehören Einkaufsfahrten ins Alte Land, wenn die Obstbauern frisch geerntete Beeren, Kirschen, Pflaumen und Äpfel direkt ab Hof anbieten. An solchen Tagen hat auch das schönste Restaurant am Obstmarschenweg, der Herbstprinz in Jork, Hochsaison.

Rund 75 Gäste finden im ältesten, noch weitgehend erhaltenen Bauernhof des Dorfes Platz: auf der Tenne, in der Küche und in den ehemaligen Wohn- und Schlafräumen der Altländer Vorbesitzer, jeder Raum mit bäuerlichen Antiquitäten gemütlich eingerichtet.

Das Küchenprogramm hat sich in den letzten Jahren gewandelt: Zwar stehen Altländer Hochzeitssuppe, Matjes nach Hausfrauenart und Kapitänssülze mit Bratkartoffeln auch weiterhin auf der Karte, aber Internationales wie Riesengarnelen, Rumpsteak und Barbarie-Entenbrust dominieren das Programm. Unbedingt probieren: Spanferkelcarré auf Schwarzbiersauce mit Sommerwirsing und Schupfnudeln sowie Parfait von Altländer Sauerkirschen. Kleine Weinkarte mit ein paar sehr ordentlichen trockenen Weinen.

Feinschmecker-Küche, Aussicht

Jagdhaus Waldfrieden

Kieler Straße 134
25451 Quickborn
Tel. 0 41 06/610 20
Fax 0 41 06/691 96
www.waldfrieden.com

Besitzer/Inhaber
Siegmund Baierle
Küchenchef
Thomas Lubig
Öffnungszeiten
Di–So 12–14 Uhr
u. täglich 18–24 Uhr
Reservierung
erwünscht
Kreditkarten
EC-Karte, Amex,
Diners, Eurocard, Visa
Spezialität des Hauses
Bauernente mit Spitz-
kohl, Honigjus und
gratinierten Kartof-
feln
Mittagstisch
ja
Kinderkarte
ja
Hauptgerichte
ab € 14,–
Menüs
von € 19,– bis
€ 43,–
Anzahl der Plätze
110 im Restaurant
45 im Garten

An warmen Sommerabenden lohnt sich auch für Hamburger hin und wieder ein kurzer Ausflug vor die aufgeheizte Stadt. Zum Beispiel, um in einem Park unter großen alten Bäumen zu tafeln. Solche reizvollen Plätze im Freien bietet das Romantik-Hotel Jagdhaus Waldfrieden in Quickborn – und die dazu passende leichte Sommerküche. Und wenn sich dann doch wetterwendisch ein Gewitter mit Schauern ankündigt? Macht nichts: Im Wintergarten des Jagdhauses sitzt man fast im Park und kann die ersten Tropfen gelassen fallen sehen – bei Champagner und dem obligatorischen Appetizer, frisch aufgebackenen Brötchen mit Butter, Radieschencreme und Kürbispüree.

Die Speisekarte von Chefkoch Thomas Lubig (seit 1993 im Haus) hält sich an die fein gemachte Regionalküche, garniert mit ein paar mediterranen Akzenten, etwa eingelegte Sardinenfilets mit Ratatouille-Salat oder Dorade auf wildem Fenchel geschmort, mit sautiertem Kopfsalat, Pfifferlingen und Zitronen-Thymian-Sauce.

Als Auftakt eines leichten Menüs empfehlen sich auch gebackene Langostinos mit Spargelsalat, perfekt zubereitet und einfach köstlich. Bei den fleischlichen Hauptgerichten setzt Lubig auf kräftige Aromen: zum gut gegarten Bresse-Taubenbrüstchen mit geschmortem Chicorée und Kartoffelgratin gibt es einen geschmacksstarken Balsamicojus. Die Kaninchenkeule in Meaux-Senfsauce hingegen kann

man etwas zarter schmoren, die Beilagen jedoch – Pfifferlinge, Bohnenkerne und Kartoffel-Kräuter-Püree – waren tadellos und in der Kombination harmonisch.

Die Weinkarte des Jagdhauses bietet rund 200 gute und fair kalkulierte Tropfen von renommierten Winzern in Frankreich, Italien und Deutschland. Ein besonderes Lob verdient der unaufdringlich freundliche und aufmerksame Service.

International

Landdrostei

Dingstätte 23
25421 Pinneberg
Tel. 04101/20 77 72
Fax 04101/59 22 00
www.zurlanddrostei.de

Besitzer/Inhaber
Peter Löffler
Küchenchef
Peter Löffler
Öffnungszeiten
Di–So 11–15 Uhr
u. 17–23 Uhr
Ruhetag
Mo
Reservierung
erwünscht
Kreditkarten
EC-Karte, Amex,
Eurocard, Visa
Mittagstisch
ab € 6,–
Kinderkarte
ja
Hauptgerichte
ab € 14,–
Menüs
von € 18,– bis
€ 35,–
Anzahl der Plätze
80 im Restaurant
60 auf der Terrasse

Peter Löffler, Pächter, Patron und Küchenchef, hat geschafft, was kaum einer für möglich hielt: mit seinem Restaurant Landdrostei in Pinneberg zu überleben. Mehr noch: Mit seiner modernen Regionalküche lockt Löffler seit Jahren auch Hamburger aus den Elbvororten in die Provinz. Im Souterrain des Kulturzentrums Landdrostei genießen sie krosse Vierländer Ente mit Spitzkohl à la crème zum konkurrenzlos niedrigen Preis.

Bei unserem letzten Besuch gab es als Appetithäppchen Nordseekrabben auf Pumpernickel mit gebratenem Wachtelei und Salat – ein schlichter, aber leckerer Einstieg. Das Menü ließ sich schon etwas kreativer an: getrüffelte Ente mit Entenleberparfait in Portweingelee mit pikanter Linsenvinaigrette und Brunnenkresse – tadellos. Die folgende Curryschaumsuppe mit einer Kruste von Jakobsmuscheln war in der Konsistenz gut und hatte einen intensiven Currygeschmack. Den Abschluss bildete ein gelungenes Cappuccino-Parfait auf Mandelschaum mit Früchten.

Alternativ probierten wir einen sehr guten gratinierten Ziegenkäse mit Rucolasalat und rotem Pesto und ein auf den Punkt gebratenes Rotbarbenfilet, in Oliven-Korianderbutter glaciert, mit Tomatenfumet und grünem Spargel. Gastfreundlich kalkuliert der Patron die Weine auf seiner kleinen Karte, beispielsweise sehr guten trockenen Riesling Kabinett aus dem Rheingau.

International
Zum Heidkrug

Am Berge 5
21335 Lüneburg
Tel. 04131/24 160
Fax 04131/24 16 20
www.zumheidkrug.de

Die historische Altstadt von Lüneburg ist immer einen Besuch wert – und auch ein Besuch im Heidkrug lohnt. Nach einigen Jahren als Chefkoch im Vitus in Reinstorf hat sich Michael Röhm hier im 500 Jahre alten Bürgerhaus selbstständig gemacht. Und für Gäste, die nach einem opulenten Essen nicht mehr auf die Autobahn wollen, gibt es auch sechs gemütliche Zimmer.

Ländlich elegant ist das Ambiente in der ehemaligen Diele. Auf festlich eingedeckten Tischen lässt Michael Röhm servieren, was er als „leichte, neue deutsche Küche mit mediterranen Akzenten und euro-asiatischen Einflüssen" versteht. Dazu zählten Rucolasalat mit Parmesan und Petersilienöl und Gnocchi mit Trüffelsahne, aber auch Matjestatar mit Rösti.

Sehr gut schmeckte der Seesaibling, im Limetten-Ingwersud gedämpft, mit Langostinos und weißem Bohnenpüree. Auch der leicht gepökelte, rosa gebratene Kalbstafelspitz war köstlich.

Die Weinkarte bietet rund 120 Positionen, vor allem von guten deutschen Winzern. Der Service ist freundlich und aufmerksam um die Gäste bemüht.

Besitzer/Inhaber
Michael Röhm
Küchenchef
Michael Röhm
Öffnungszeiten
Di–Sa 12–15 Uhr u.
18–23 Uhr
Ruhetag
So u. Mo
Reservierung
erwünscht
Betriebsferien
2 Wochen Anfang
Januar und 3 Wochen
in den niedersächsi-
schen Sommerferien
Kreditkarten
EC-Karte, Eurocard,
Visa
Mittagstisch
ab € 10,–
Kinderkarte
alle Gerichte auch als
halbe Portion
Hauptgerichte
ab € 18,50
Menüs
von € 35,– bis
€ 50,–
Anzahl der Plätze
45 im Restaurant
32 auf der Terrasse

Register nach Besonderheiten

Register nach Länderküchen

Register nach Stadtteilen

Register nach Stadtteilen

Impressum/Bildnachweis

Bibliografische Information der Deutschen Bibliothek

Die Deutsche Bibliothek verzeichnet diese Publikation in der Deutschen Nationalbibliografie; detaillierte bibliografische Daten sind im Internet über <http://dnb.ddb.de> abrufbar.

© Ellert & Richter Verlag GmbH, Hamburg 2003
ISBN 3-8319-0136-8

Alle Angaben zu den Restaurants sind mit Sorgfalt zusammengestellt worden, jedoch ohne jegliche Gewähr. Redaktionelle Angaben: Stand September 2003. Wenn Sie Ergänzungs- und Berichtigungsvorschläge haben, schreiben Sie bitte an:
Ellert & Richter Verlag
Große Brunnenstr. 116–120
22763 Hamburg

Autorin und Verlag bedanken sich bei allen Restaurants für die freundliche Unterstützung und die gute Zusammenarbeit. Darüber hinaus möchten wir uns bei all jenen bedanken, die uns weiteres Fotomaterial zur Verfügung gestellt haben.

Weiteres Bildmaterial von:
Archiv Ellert & Richter, Hamburg:
S. 25, 53, 77
Urs Kluyver, Hamburg: Titelfoto, Rückseite o. re., S. 17, 27, 29, 31, 37, 39, 41, 44, 45, 51, 59, 72, 73, 78, 79, 83, 93, 101, 103, 123, 137, 139
Egbert Kossack, Hamburg: S. 130

Text:
Deborah Knür, Hamburg
Karten:
GeoGraphic Media, München
Kartenbearbeitung:
THAMM Publishing & Service, Bosau
Gestaltung:
Büro Brückner + Partner, Bremen
Lithographie:
Offset-Repro im Centrum, Hamburg
Druck:
Druckerei zu Altenburg GmbH, Altenburg
Bindung:
Buchbinderei S. R. Büge GmbH, Celle